陕西省软科学项目：陕西省承接产业转移 ⬛ 仁
（2014KRM84）；
陕西省社科联重大理论与现实问题研究课题：新型 ⬛ 平
价与可持续发展策略（2015C028）

基于环境规制的

中国污染
产业投资区位转移研究

宋　爽◎著

吉林大学出版社

·长春·

图书在版编目（ＣＩＰ）数据

基于环境规制的中国污染产业投资区位转移研究 ／
宋爽著. —— 长春：吉林大学出版社，2020.8
ISBN 978-7-5692-6816-4

Ⅰ．①基… Ⅱ．①宋… Ⅲ．①环境规划－影响－区域
经济－产业转移－研究－中国 Ⅳ．①F127

中国版本图书馆CIP数据核字(2020)第143630号

书　　　名　基于环境规制的中国污染产业投资区位转移研究
　　　　　　JIYU HUANJING GUIZHI DE ZHONGGUO WURAN CHANYE TOUZI QUWEI ZHUANYI YANJIU

作　　　者　宋爽 著
策划编辑　　李承章
责任编辑　　安　斌
责任校对　　李潇潇
装帧设计　　一鸣文化
出版发行　　吉林大学出版社
社　　　址　长春市人民大街4059号
邮政编码　　130021
发行电话　　0431-89580028/29/21
网　　　址　http://www.jlup.com.cn
电子邮箱　　jdcbs@jlu.edu.cn
印　　　刷　广东虎彩云印刷有限公司
开　　　本　787mm×1092mm　1/16
印　　　张　13.5
字　　　数　220千字
版　　　次　2020年8月　第1版
印　　　次　2020年8月　第1次
书　　　号　ISBN 978-7-5692-6816-4
定　　　价　86.00元

版权所有　翻印必究

前　言

2018 年全球环境绩效指数（EPI）排名中，中国在180个国家中位列第120 位，环境问题日益严峻。尽管在环境保护方面做出了巨大努力，但中国的环境治理效果可谓差强人意，"污染点状分布转向面上扩张"，已取得的治污效果在一定程度上也应归因于GDP（国内生产总值）增速的放缓和"拉闸限电"式的突击措施。随着全球经济的逐步复苏，国际社会尤其是发达国家必将要求我国承担起更多的环境责任。不论是从国际压力还是国内动力来看，从全国层面控制污染排放是中国当前面临的首要问题之一。2016 年11月，国务院印发了《"十三五"生态环境保护规划》，提出"经济转型升级、供给侧结构性改革加快化解重污染过剩产能"是"十三五"期间生态环境保护面临的重要战略机遇之一，并明确了"处理好发展和保护的关系，推进供给侧结构改革，优化空间布局"的基本原则。党的"十九大"报告强调，要牢固树立社会主义生态文明观，坚决打好生态环境保护攻坚战，必须遵循实行最严格生态环境保护制度。近年来，区域产业转移中伴随的"转移性污染"加剧了中西部地区的环境压力，如果不对污染转移的现象给予足够的重视，欠发达地区很可能会沦为发达地区的"污染避难港"，重蹈"先污染、后治理"的覆辙，这不利于我国减排目标的实现和区域经济协调发展。除了技术性减排之外，引导污染产业进行有序转移能够在一定程度上减少"转移性污染"对环境承载力较弱地区的生态破坏、加快污染产业在发达地区产业转型过程中的淘汰。可见，研究如何利用环境规制政策工具来推动污染产业的有序转移具有重要意义。

现有文献在污染产业的转移路径、污染产业转移过程中的空间因素、环境规制对污染产业投资与污染品区际贸易的影响以及环境规制工具的选择方面存在着不足。本书沿着"环境规制—污染产业投资区位—污染产业区际贸易—环境规制工具选择"的研究思路，理论层面从"成本效应"、"创新效应"和"集聚效应"三条路径剖析了作为不可流动要素的环境规制对污染产业投资区位的影响机制；构建资本流动与商品贸易的一般均衡模型，分析不同条件下环境规制对区际贸易的差异化影响。实证层面，分别从过程视角、结果视角和工具视角分析环境规制对污染产业转移的影响。过程视角下，使用空间自相关方法分别从全国层面、区域层面及行业层面评估了环境规制强度对中国污染产业投资区位选择的影响；结果视角下，在分析单边因素的基础上使用拓展引力模型分析了双边因素对污染产品区际贸易的影响；工具视角下，将环境规制工具细分为费用型环境规制、投资型环境规制以及公众参与型环境规制，分别从全国层面和四大区域层面比较了环境规制工具对污染产业投资的差异化影响。

与现有研究相比，本书提出：

第一，落后地区和发达地区降低环境规制的效果存在显著差异。理论模型显示，一般来说，地方政府放松环境规制能够通过降低污染产业的投资成本来吸引更多污染产业投资的流入，但这种生产的扩张能否凝聚成地区的比较优势，则与当地的经济发展水平相关。发达地区放松环境规制后生产的扩张一般能够增加向其他区域提供的污染品贸易规模，但落后地区的结果则不能确定。实证部分也证实了这一结论，发现污染产业区际投资对环境规制变量更为敏感，而污染产业区际贸易受环境规制的影响则相对较弱。可见，投资视角和贸易视角下环境规制对污染产业转移的影响存在差异。

第二，污染产业的区际转移具有显著的路径依赖特征和转移黏性。转移路径呈现出"晕轮模式"，即以环渤海的辽、冀、鲁为第一中心，逐渐向晋、京、蒙，而后又向津、吉、陕拓展；以长三角的沪为中心，逐渐向浙、苏、闽拓展。在全国层面，环境规制与污染产业投资存在着显著的负相关关系。而就三大区域来看，在中部地区，提高环境规制能够对污染密集型产业的转入起到较强的抑制作用；在东部地区，选择污染产业集聚地区来加强环境规制能够收到较为显著的效果；在西部地区，环境规制的抑制作用则相对较弱。究其原因，在于不同的地区"成本效应""创新效应"和"集聚效应"作用力度的不同所导致的环境规制综合效应的差异。

第三，双边环境规制等因素对污染产业转移的影响显著。中部地区污染产业的生产规模超过了其自身的需求，成为其他地区的污染品生产基地，但却并非由放松环境规制所导致，即"污染天堂效应"在我国省际层面的存在性缺少实证支持，起决定性作用的因素仍然是资本和劳动力。而从双边因素来看，污染产业的区际贸易受到污染品流出地和流入地双边因素的影响：污染品流出地的非正式环境规制与污染品的贸易规模显著负相关，较低的非正式环境规制强度是中西部吸引"转移性污染"的重要原因，同时双边需求因素和空间距离对污染产业区际贸易也有着决定性影响。

第四，费用型、投资型和公众参与型环境规制工具对污染产业投资的影响存在差异。费用型环境规制工具对污染产业投资的影响不显著，但提高投资类和公众参与型环境规制却有利于本地区吸引更多的污染产业投资。进一步地，三类投资型环境规制与污染产业投资的关系各不相同，城市环境基础建设投资的提高会使得本地区吸引更多的污染产业投资，工业污染源治理投资则表现出"U"形特征，而建设项目"三同时"投资对污染产业投资的影响并不显著。同时，不同种类的环境规制工具对四大区域污染产业投资的影响也存在差异。

感谢以下基金项目的资助：陕西省社科联重大理论与现实问题研究课题（"新型开放机制下陕西省环境承载力评价与可持续发展策略"，2015C028）；陕西省教育厅科研专项项目（"环境政策对陕西省企业环境成本内部化影响的研究"，17JK1006）。

宋　爽

2020 年 8 月

目　录

第一章　绪论

一、研究背景与意义

（一）研究背景

1.中国的环境污染问题仍然较为严峻

改革开放四十多年，我国生产力高速发展、贫困人口急剧减少、人民生活水平得到极大改善，取得了一系列举世瞩目的伟大成就，充分体现了社会主义制度的优越性和强大的生命力。

然而，随着经济水平的提高，经济发展与环境污染之间的矛盾也日趋尖锐和激化。世界银行的报告指出，2016年全球污染最为严重的20个城市中，中国占5个①。2016年9月，世界卫生组织对全球各大城市PM2.5进行了排名，在全球空气质量最好的前十名中，美国占了五席，中国城市则无一上榜；而在全球控制质量最差的后十名中，中国则有两个城市名列其中——邢台和保定。在全球环境绩效指数（EPI）排名中，中国2006年排名第94位，2008年排名第105位，2010年排名第121位，2018年排名第120位，环境问题日益严峻。

环境污染给人类健康和生产生活带来了巨大的负面影响。根据联合国环境规划署（UNEP）测算，2012年人类活动造成的全球变暖与环境破坏所引发的经济损失达到8.6万亿美元，占全球国内生产总值（GDP）总量的

---

①分别是保定、衡水、邢台、安阳和聊城。

12%。除此之外，2012年全球风险报告将环境问题和气候变化列为下一个十年全球面临的最大风险之一。近年来，在世界范围内频发的极端天气和严重自然灾害，使人类社会付出了惨重的代价（李树、陈刚，2013）。根据世界银行估计，2011年空气和水污染对于中国经济造成的健康和非健康损失相当于中国GDP的5.8%，而中国环境退化成本的增速已经明显超过GDP增速。2018年医学期刊《刺针》刊登的专家报告指出，环境污染已经成为威胁人类死亡的严重问题，全球每年最少有900万人因污染导致的疾病丧生，空气污染是头号杀手，室外和室内空气污染分别导致450万及290万人死亡，水源污染则导致每年180万人因消化道疾病和寄生虫感染死亡，铅污染及工作环境污染亦令逾百万人丧生。①

2.全面控制污染排放是当前必须解决的问题

中国政府一直高度重视环境保护工作。早在20世纪90年代，中国就将可持续发展战略作为中国经济和社会发展的基本指导思想。2003年，统筹人与自然和谐发展更是成为科学发展观的基本内涵之一。截至2013年，中国已经加入30多项国际环境公约，内容涉及气候变化、臭氧层保护、生物多样性保护等方面。党的十九大报告中明确指出，加强生态环境建设需要加大对生态环境系统的保护力度（见政府网上原文第三条），构建政府为主导、企业为主体、社会组织和公众共同参与的环境治理体系（见原文第二条）。原文来源于中国政府网 http://www.gov.cn/zhuanti/2017-10/18/content_5232657.htm

回顾过去的一个阶段，中国的环境治理效果可谓差强人意，《国务院关于印发"十三五"生态环境保护规划的通知》（国发〔2016〕65号）"污染点状分布转向面上扩张"，已取得的治污效果在一定程度上也应归因于GDP增速的放缓和"拉闸限电"式的突击措施。随着全球经济的逐步复苏和"一带一路"倡议的推进，国际社会尤其是发达国家必将要求我国承担起更多的环境责任。不论是从国际压力还是国内动力来看，从全国层面控制污染排放是中国当前面临的首要问题。2016年11月，国务院公布

---

①中国日报网，2018-04-23.https：//baijiahao.baidu.com/s？id=1598528588162902126&wfr=spider&for=pc

《"十三五"生态环境保护规划》，提出"经济转型升级、供给侧结构性改革加快化解重污染过剩产能"是"十三五"期间生态环境保护面临的重要战略机遇之一，并明确了"处理好发展和保护的关系，推进供给侧结构改革，优化空间布局"的基本原则。近年来，区域产业转移中伴随的"转移性污染"加剧了中西部地区的环境压力，如果不对污染转移的现象给予足够的重视，欠发达地区很可能会沦为发达地区的"污染避难港"，重蹈"先污染、后治理"的覆辙，这不利于我国减排目标的实现和区域经济协调发展。

3.区域产业转移中伴随的"转移性污染"加剧了局部环境压力

近年来，随着东部地区的发展，"要素拥挤"效应逐渐显现，土地、劳动力等要素成本上涨，企业开始向外寻求要素成本凹地以维持生产运营，区域间产业转移加剧，首当其冲的是以污染密集型产业为代表的边际产业。曾经对东部沿海、南部沿海等发达地区的经济增长做出过重大贡献的污染密集型产业，其生存和发展的空间一步步被压缩，推动污染产业向外转移、实现产业结构优化升级已成为这些地区当前发展阶段的目标之一。与此同时，长江中游、环渤海等与东部发达地区相邻的欠发达地区则正处在工业化加速推进的时期，个别地方政府为了吸引外资，不惜以牺牲环境为代价竞相放松环境规制，出现"逐底竞争"，进一步加剧了污染产业向这些地区的流入。2010年9月发布的《国务院关于中西部地区承接沿海产业转移的指导意见》提出，沿海产业转移下的污染减排问题已成为目前关注的焦点。从现有情况来看，中西部地区承接了东部地区大量的资源、污染密集型产业，如金属冶炼与制品、电力生产与供应、采选以及相关制造业（刘红光等，2011；覃成林、熊雪如，2013），加之中西部地区碳排放强度远高于东部地区（岳超等，2010；杨骞、刘华军，2012），导致中西部地区在承接产业转移的同时承受了较高的环境污染。大量化学工业、皮革、冶金、电镀以及印染等污染产业通过招商引资的形式进入安徽、贵州、四川以及江西等中西部地区，而山东、河北、河南和山西等地区则成为北京、上海、广东和浙江等发达地区的污染品的供应地，而这些地区正是中国环境问题较为严峻的区域。污染产业转移带来的污染转移是环境问题空间维度冲突的重要表现形式，也是中国生态环境质量局部改善而整体难以根本好转的重要原因（彭文斌、邝嫦娥，2014）。如果不对污染转移的现象给予足够的重视，欠发达地区很可能会沦为发达地区的"污染避难港"，重蹈发达地区"先污染、后治理"的覆辙。因此，在现有以资源和高耗能制造业为主的产业转移情形下，如果不合理引导产业转移的规模、结构和空间流向，将导致局部碳排放量减少而全国范围总量增加的局面（肖雁飞等，2014），这不利于我国减排目标的实现和区域经济协调发展。

4.地方政府的"逐底竞争"可能弱化地方环境规制

出于发展经济和政府官员仕途晋升角度的考虑，"逐底竞争"的存在将导致地方政府弱化环境规制、降低环境标准来引进污染密集型产业，从而加剧环境治理的恶化。长期以来环境治理始终是地方政府的主要职责，政府也在不断地加强环境治理的强度，为解决环境污染问题做出了长期不懈的努力，但却成效甚微，几乎没有改变环境质量日益下滑的现状。其中一个重要的原因在于，地方政府所实施的环境规制存在差异，造成污染密集型企业进行跨区域转移，为污染逃避提供了可能的空间。环境作为一种典型的公共物品，具有显著的外部性，故而将环境监管和治理的权利给予地方政府，将产生环境规制的软化，出现"竞次"现象（Kunce and Shogren，2009），并且政府之间存在着环境治理的"搭便车"现象（Sigman，2005）。同时，政府官员出于个人利益的考虑，偏好于选择高污染、高能耗的产业来拉动经济增长，在实现经济增长和仕途晋升的双重收益下加剧地区污染排放（Jia et al.，2015）。

通过上述分析可知，不论是从国际压力还是从国内动力来看，在全国层面控制污染排放是中国当前面临的首要问题。除了技术性减排和改变能源消费结构之外，引导污染产业的有序转移能够在一定程度上减少"转移性污染"对环境承载力较弱地区的生态破坏，能够加快污染产业在发达地区产业转型过程中的淘汰。产业转移过程中必须保证经济发展与环境保护的平衡，实现地区产业发展与企业转型升级的双赢。当前阶段下，中国区域产业的有序转移必须守住全面控制污染排放这一底线。

（二）研究意义

1.理论意义

（1）剖析了环境规制影响污染产业投资区位的作用机制

将环境规制影响污染产业投资的"综合效应"分解为"成本效应""创新效应"和"集聚效应"。环境规制的提高能否有效抑制本区域污染产业投资的增加，不仅取决于环境规制的强度，而且与环境规制工具的种类、地区的需求条件和技术基础等因素密切相关。与现有研究大多关注环境规制对企业成本或企业创新活动的影响不同，本书研究表明，环境规制影响污染产业转移的综合效应，由"成本效应""创新效应"和"集聚效应"三者所共同决定。

（2）论证了环境规制对污染产业区际贸易的影响方式

本书以两部门、两地区、两要素的一般均衡模型为基础，沿着"环境规制—资本流动—区际贸易"的思路从理论层面上剖析了环境规制对污染产业区域转移的影响机制及发生条件。研究发现，一般来说，放松环境规制确实能够增加本地区的污染产业投资，但这种投资能否进一步凝聚成地区的贸易竞争力、扩大贸易的净流出量，则与该地区的经济发展阶段有关。

2.现实意义

（1）指出了中国区域间污染产业转移的空间路径

与以往研究中所谓的"梯度转移"结论不同，本研究发现污染产业转移过程中存在明显的"空间黏性"特征，呈现出以环渤海和长三角为中心的"晕轮式"转移路径。这为准确判断污染产业的转移趋势提供了有益参考。

（2）剖析了影响中国污染产业区域转移的空间因素

将污染产业投资的影响因素分为空间自相关因素和空间异质性因素，重点研究了作为空间异质性因素的环境规制对污染产业投资区位转移的直接影响和间接影响；同时将双边因素纳入研究视野，双边人口、双边经济规模和地理距离也会对污染产业的转移造成影响。这为认识污染产业转移的动因提供了全面的视角。

（3）比较了不同环境规制工具对污染产业区域转移的差异化影响

以往文献研究污染产业转移问题时大多没有区分环境规制工具的种类，而本书的研究发现，不同的环境规制工具对污染产业转移的影响存在显著差异。一般来讲，企业环境成本内部化程度较高的规制工具（如排污费、工业污染源治理投资等）能够刺激企业的创新活动，从而在一定程度上缓解环境规制提高所带来的成本上涨；而政府主导的环保治理工程则对污染产业外移的推动力不足，甚至可能成为吸引这些污染产业转移的原因之一。基于此，本书为政府选择恰当的环境规制工具提供了有价值的参考。

（4）评估了中国不同区域之间环境规制推动污染产业转移的差异化影响

由于中国区域之间存在的巨大差异，环境规制工具在东部、中部、西部和东北地区对污染产业转移的作用也显著不同。大体来说，提高环境规制在东部地区更容易激发企业的创新行为，而在中部地区则刺激效果不显著；在东北地区，环境规制的提高能够显著地推动污染产业外移，而在东部地区环境规制对淘汰污染产业的作用则并不显著。可见，不同区域的政府决策者应当注意选择差异化的环境规制政策。

二、研究思路与结构安排

（一）研究思路

本书的研究目的是剖析环境规制对污染产业投资区位的影响机制。首先，在文献部分中，梳理了产业转移视角下的投资区位选择理论以及污染产业转移的影响因素、环境规制强度的度量方法等相关研究成果。在理论归纳的基础上提出了本书的研究思路，即"环境规制—污染产业投资区位—污染产业区际贸易—环境规制工具选择"。其次，在理论部分中，研究了两个问题——环境规制与污染产业区位选择的关系、环境规制与污染产业区际贸易的关系。关于第一个问题，将环境规制影响污染产业区位选择的"综合效应"分解为"成本效应""创新效应"和"集聚效应"，详细讨论了各自的作用机理；关于第二个问题，构建资本流动与分工贸易的一般均衡模型，剖析二者相关的条件与相关的形式并以此理论模型为基础，引入环境规制因素，分析不同条件下环境规制对污染产业区际转移的影响方向与影响路径。再次，在实证部分中，分别从过程视角、结果视角和工具视角，实证分析环境规制对污染产业投资区位转移的影响。分析中采用空间计量模型，将中国区域间经济的空间联系纳入实证模型当中，使实证结果更为准确；同时，将环境规制工具分为费用类环境规制、投资类环境规制和公众参与类环境规制三类，分别研究每一类环境规制工具对污染产业投资区位转移的差异化作用，并且分别从东部、中部、西部和东北四大区域的角度进一步研究其区域差异性。以上分析为推进污染产业的有序转移提供了借鉴性。

根据这一思路，本书的研究框架如图1-1所示。

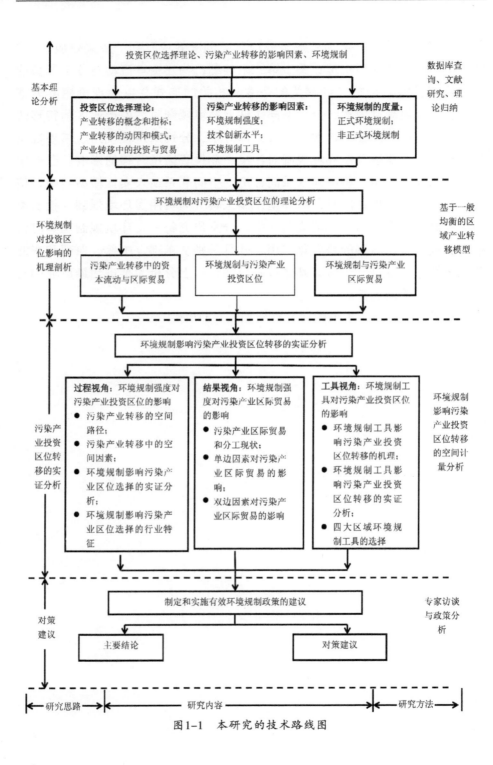

图1-1 本研究的技术路线图

（二）结构安排

本书的结构安排如下：

第一章，绪论。绪论部分主要描述本书的研究背景、研究意义、研究思路、结构安排、研究方法、创新之处以及相关概念介绍。

第二章，文献综述。文献综述首先分析了产业转移视角下投资区位选择的相关理论；其次分析了污染产业转移的影响因素，主要包括环境规制强度、技术创新水平和环境规制工具；最后梳理了现有文献中关于正式环境规制和非正式环境规制的度量方法。

第三章，基本模型。首先，对污染产业转移过程中的资本流动与区际贸易进行分析，构建了反映资本流动与贸易模式关系的一般均衡模型；其次，将作为不可流动要素的环境规制影响污染产业投资区位的"综合效应"分解为"成本效应""创新效应"和"集聚效应"；再次，分别从欠发达地区和发达地区的角度，在理论上解释了环境规制影响污染产业区际贸易的方向、条件和路径。

第四章，环境规制对污染产业投资区位影响的实证分析。首先，使用综合指数法对我国区域环境规制强度进行评价；其次，使用ArcGIS软件对污染产业区际转移的空间路径进行可视化处理，并提出转移过程中存在的空间因素；再次，使用SAC计量方法在控制了空间相关性的条件下分别从全国层面和区域层面对污染产业转移的影响因素进行实证分析；最后，对污染产业转移的行业异质性特征进行实证分析。

第五章，环境规制对污染产业区际贸易影响的实证分析。首先，对污染产业的区际贸易和分工状况进行阐述；其次，实证分析了单边因素对污染产业区际贸易的影响；最后，基于引力模型研究了双边环境规制对污染产业区际贸易的影响。

第六章，比较不同环境规制工具对污染产业投资区位的影响。首先，介绍了我国主要的环境规制工具，并梳理了不同类别环境规制工具对污染产业投资区位选择的影响机理；其次，实证分析了三类主要的环境规制工具对污染产业区位选择的差异化影响；最后，从四大区域层面对环境规制工具的影响进行了比较分析。

第七章，总结了本书的主要结论和对策建议，并提出研究展望。

三、研究方法和创新之处

（一）研究方法

本书基于中国区域之间要素流动加速和分工日益深化的现实，尝试从投资和贸易两个层面来剖析污染产业转移的机理，并对环境规制在其中的作用展开分析。主要的研究方法包括：

1.文献研究法

在预备性研究环节，主要运用文献内容分析方法，广泛搜集国内外关于环境规制、污染产业投资区位选择的文献，全面系统地总结产业转移理论、环境规制理论与实证研究成果，厘清其发展脉络，辨明其发展方向，为本书理论研究和实证分析框架的构建提供充分的知识储备。

2.空间分析法

在第四章和第六章中，基于SAC的方法，实证分析了环境规制对中国污染投资区位选择的影响以及不同环境规制工具的差异化特征。这种方法能够在控制空间自相关性的基础上，更加准确地评估污染投资区位选择的影响因素，因此尤其适合于研究中国区域间的要素流动问题。

3.定量与定性分析相结合的方法

首先，对环境规制强度影响污染产业投资区位和污染品区际贸易的路径和方向进行了定性分析；然后，使用大量的数据来对中国污染产业投资区位和污染品区际贸易的影响因素进行了定量分析。定性分析和定量分析相结合，从而对环境规制影响污染产业投资区位转移的问题做出了基本判断。

4.比较研究方法

本书对我国不同发展阶段地区的污染产业转移特征和环境政策效应进行了深入的研究，并结合各地区的特点探讨中国不同地区治理环境污染的基本思路与具体对策。

（二）创新之处

第一，将环境规制对污染产业投资区位的综合影响分解为成本效应、创新效应和集聚效应，并基于一般均衡模型剖析了环境规制对污染产业投资区位和区际贸易的影响机制及发生条件。现有的研究成果表明，落后地区成为发达地区的"污染避难港"是否应当归因于宽松的环境规制，国外和国内的学者们均存在分歧。本书认为，上述分歧出现的原因之一是对污染产业转移的界定混淆不清。有的研究考察污染产业投资的区位分布演化，有的研究则考察污染品贸易的地理分布演化。而事实上，投资和贸易是紧密关联的，资本等要素的流动会改变产业的地理分布，在一定的需求结构下会导致贸易分布格局的改变。也就是说，一方面投资和贸易互相影响，另一方面投资和贸易并不等同。因此，本书将分别从过程视角和结果视角来研究环境规制对污染产业投资区位转移的影响。

第二，对中国污染产业区际转移的空间路径进行可视化处理，并基于Moran's I指数和LISA指数的量化特征提出中国污染产业区际转移的"晕轮效应"。现有文献中大多是关于国与国之间污染产业转移的相关研究，本书认为，简单地将国际产业转移的研究方法引入国内产业区际转移之中是不恰当的。一方面是因为国际产业转移中存在着诸如要素流动壁垒、商品流动壁垒、关税等政策因素的存在；另一方面，也是更为重要的，国与国之间由于地理位置相离较远，空间因素的影响并不显著，而在国内研究当中空间因素的影响就不能忽略。此外，引入空间因素还能够在一定程度上解决层次谬误对研究结论造成的偏差。基于此，本书使用ArcGIS软件对污染产业转移的空间路径进行了可视化处理，使用分位图、Moran's I指数和LISA指数形象地描绘出污染产业区域转移的空间路径，并定量测算出转移过程中存在的空间相关关系。研究结果表明，与梯度转移模式不同，本书认为中国污染产业区际转移的路径呈现出"晕轮效应"，即以环渤海的辽、冀、鲁为第一中心，逐渐向晋、京、蒙，而后又向津、吉、陕拓展；以长三角的沪为中心，逐渐向浙、苏、闽拓展；同时，呈现出显著的转移黏性。

第三，使用空间自相关的方法，在剖析空间自相关因素来源的基础上，实证分析了环境规制影响中国污染产业投资区位的行业特征和地域特征。这种方法（SAC）能够在控制空间自相关性的基础上，更加准确地评估污染投资区位选择的影响因素。具体来说，SAC能够将因变量的空间自相关性和误差项的空间自相关性纳入计量模型之中，从而避免了忽略空间依赖性所产生的估计谬误。因此，这种方法尤其适合于研究中国区域间的产业转移问题。首先，将污染产业投资的影响因素分为空间自相关因素和空间异质性因素，重点研究了作为空间异质性因素的环境规制对污染产业投资区位转移的直接影响和间接影响。然后，基于经典的贸易引力模型实证分析了双边因素对污染产业区际贸易的影响。与之前大部分文献中仅研究单边因素的做法相比，本书认为除了环境规制这一因素之外，劳动成本、人均资本、技术基础等禀赋因素对污染产业转移都有着显著的影响，而且双边人口、双边经济规模和地理距离也会对污染产业的转移造成影响。总之，从转移过程来看，环境规制对污染产业投资区位转移的负向影响较为显著；但从转移结果来看，环境规制对污染品际贸易的影响却相对较弱，二者在一定程度上出现了背离，反映出需求结构、地理距离、技术基础、资本存量等因素在污染产业转移过程中也起着重要的作用。

第四，从四大区域的维度研究了费用型、投资型和公众参与型环境规制工具在推动污染产业转移过程中的差异化作用，分析了不同类别环境规制工具的地域适用性。关于环境规制对污染产业投资区位选择影响的文献虽多，但环境规制指标过于笼统，大多采用单一的指标来衡量环境规制强度，缺少对环境规制工具的细分研究。这一方面导致了实证结果出现不一致，另一方面，也是更为重要的是，不利于环境规制政策的落地实施。本书重点研究了排污费、城镇治污投资、工业污染源治理投资、建设项目"三同时"制度和公众参与型环境规制这四种政策工具。研究发现，不同的环境规制工具对污染产业转移的影响存在显著差异。一般来讲，企业环境成本内部化程度较高的规制工具（如排污费、工业污染源治理投资等）能够刺激企业的创新活动，从而在一定程度上缓解环境规制提高所带来的成本上涨，而政府主导的环保治理工程则对污染产业外移的推动力不足，甚至可能成为吸引这些污染产业转移的原因之一。基于此，本书的研究有助于为政府选择恰当的环境规制工具提供有价值的参考。

四、相关概念介绍

（一）污染产业

1.污染产业的定义

污染密集型产业，简称污染产业，是指在生产过程中会直接或间接排放大量污染物，如果不加以治理会给周边或相关产业带来负外部性的产业（夏友富，1999）。严格地说，任何产业都会或多或少产生污染物。通常，某些产业相对于其他产业而言排放的污染物更多、更密集，故称其为污染密集型产业。

2.污染产业界定的方法

由于污染物种类较多，因此目前学术界对于污染密集型产业的划分标准尚没有统一的认识。尽管如此，现有文献（代表性文献见表1-1）中关于污染密集型产业的认定大致相同。尤其是，尽管研究时间跨度和研究的地理范围不同，中国学者对此类产业的界定较为相似。概括来说，现有文献中主要包括4类识别方法。

表1-1 代表性文献中关于污染产业的界定

年份	作者	识别方法	污染密集型产业
1988	Bartik	产业污染物排放量占所有污染物排放量的比例	纸浆和造纸业、工业无机化学品业、工业有机化学品业、印刷业、石油精炼业
1990	Tobey	产业的污染削减成本	采掘业、初级有色金属制造业、造纸业、钢铁制造业、化学制品业
1990	Low 和Yeats	产业的污染削减成本	金属制造业、造纸业、化学品制造业、石油炼焦业、非金属矿物制造业
1992	Lucas	产业的污染物排放强度	金属制造业、非金属矿物制造业、造纸业、纸浆业、化学品制造业

续表

年份	作者	识别方法	污染密集型产业
2000	Randy	产业污染物排放量占所有污染物排放量的比例	工业有机化学品业、塑料制品业、金属罐业、木制家具业、印刷业
2003	赵细康	产业的污染物排放强度	电力供应业、采掘业、造纸及纸制品业、非金属矿物制造业、黑色金属冶炼及压延业
2010	环境保护部国家统计局农业部《第一次全国污染源普查公报》	产业的污染物排放强度	造纸及纸制品业、农副食品制造业、化学原料及化学制品制造业、黑色金属冶炼及压延加工业、食品制造业、化学纤维制造业、电力/热力的生产和供应业、石油加工/炼焦及核燃料加工业、非金属矿物制品业和有色金属冶炼及压延加工业
2012	刘巧玲	污染物排放强度和污染物排放总量的平均值	电力、热力的生产和供应业、非金属矿物制品业、黑色金属冶炼及压延加工业、造纸及纸制品业

（1）比较各产业的污染削减成本

Tobey（1990）在研究美国工业产业时将污染削减成本占生产总成本1.85%以上的产业归为污染密集型产业；Low和Yeat（1990）将污染控制成本支出占销售额的比重大于1%的产业界定为污染密集型产业。

（2）比较各产业的污染排放强度

Lucas等（1992）以美国15000个工厂为研究样本，根据不同产业污染物质的排放强度以确定污染密集型产业；赵细康（2003）根据不同产业的污染排放强度确定我国的污染密集型产业。

（3）比较各产业的污染排放规模

Bartik（1988）认为如果一个产业的大气污染物排放量超过所有工业部门排放总量的6%，那么该产业就属于大气污染密集型产业；Randy等（2000）也采用了污染规模的方法，将累计排放的挥发性有机污染物（VOC）占所有产业VOC排放量60%以上的那些产业归类为污染密集型产业。

（4）综合指数

刘巧玲等（2012）采用污染物排放强度和污染物排放规模两个指标的平均值作为衡量某行业污染密集度的综合指数，对各行业的污染密集度进行排序。

此外，在污染物种类的选取方面，现有研究大多选取若干种污染物，包括废水、废气和固体废弃物等。

总之，由于不同国家的行业结构不同、产业政策不同、产品的生产工艺不同等，即使是同一类行业所产生的污染物数量也不尽相同；并且随着技术的进步，污染密集型产业的构成也会发生此消彼长的变化，因此各国对污染产业的界定并不相同。就我国学者的研究来看，第二种方法被大多数学者所接受，本书也采用了这种方法。

3.本书对污染产业的界定

本书选择污染排放强度作为判定污染密集度的指标。为了避免单一指标的片面性，本书选择废水排放强度、废气排放强度和固体污染物排放强度三个单项指标，构成综合指标。具体方法是：

第一步，计算各行业三类污染物的排放强度。

第二步，由于三个指标的量纲不同，不能直接加总，因此将某一年度的三个单项指标进行标准化处理，其公式是：

$$UE_{ij}^s = \frac{UE_{ij} - \min(U_j)}{\max(U_j) - \min(U_j)} \qquad (1-1)$$

其中，UE_{ij}^s为行业i的污染物j排放强度的线性标准化值，UE_{ij}为指标的原始值，$\max(U_j)$和$\min(U_j)$分别为污染物j指标在所有行业中的最大值和最小值。

第三步，将各产业主要污染物标准化的污染强度排放得分进行等权加和平均，分别计算出废水、废气和固体废弃物三大类污染物的平均值。

第四步，将2003—2014年的数据进行平均得分汇总，得出各产业总的污染排放强度系数。

根据历年《中国环境统计年鉴》的数据，可以计算出38个工业行业的污染密集度，然后按照污染密集度从大到小进行排序，参考国务院2010年开展的《第一次全国污染源普查公报》，选择污染密集度排名靠前的行业作为污染产业[①]（见表1-2）。

表1-2　本书对污染密集型产业的界定

分类依据	污染密集型产业的范围
《中国环境统计年鉴》38 个工业行业	其他采矿业、电力热力生产和供应业、有色金属矿采选业、造纸及纸制品业、黑色金属矿采选业、非金属矿物制品业、黑色金属冶炼及采选业、煤炭开采和洗选业、非金属矿采选业
《中国区域间投入产出表》13 个工业行业	采选业、电力蒸汽热水煤气自来水生产供应业、造纸印刷及文教用品制造业、非金属矿物制品业、金属冶炼及制品业、化学工业
各省市投入产出表24 个工业行业	电力热力的生产和供应业、金属矿采选业、造纸印刷及文教体育用品制造业、非金属矿物制品业、煤炭开采和洗选业、非金属矿及其他矿采选业、化学工业、金属冶炼及压延加工业

（二）环境规制

1.环境规制的含义

（1）环境规制的概念

学者们对于环境规制的认识呈现出逐渐深入的趋势。环境规制，也叫环境管制，在最初的界定中，环境规制被认为是政府通过行政手段对环境资源的利用进行直接的控制。在此过程中，市场机制不发挥任何作用，政府通过禁止、限制等强制性手段对被管制者特定的经济行为制定一系列关

[①]参考大多数文献并结合2003—2014年的行业污染密集度，本书没有将农副食品制造业和食品制造业列入污染产业的范畴。同时，由于不同数据来源对行业的划分略有不同，因此不同章节中对污染产业范围的界定略有不同。与二位数产业的关系见附表A-1。

于环境保护的政策法规，包括制定环保标准、规定排污指标、加大治理费用的投入、惩罚被管制者等；随后，随着环境压力的加大，单纯的行政命令已经难以起到理想的效果，一些经济手段逐渐开始发挥环境规制的作用，如环境税、补贴、碳排放权交易等；20世纪90年代以后，一些非正式的或自愿性的环境规制逐渐进入人们的视野，如环境听证、环境认证、生态标签等，使环境规制的内涵得到进一步发展和完善。

本书将环境规制定义为，为了实现环境保护和经济发展的"双赢"，政府部门通过制定相应的政策措施（包括行政命令、市场调节、舆论引导等方式）对污染物排放主体的行为进行调节、规范和引导，以限制其破坏环境的行为。

（2）环境规制的作用机理

从经济学的角度来看，环境是一种公共产品，正是由于公共产品的非竞争性和非排他性两个特性，在其使用过程中容易产生两个问题——"公地悲剧"和"搭便车"。在社会经济高速发展的过程中，人口的膨胀和生产的扩大使得人们对环境的破坏越来越大。

环境问题是伴随着经济发展而产生，但环境问题能否仅仅通过市场机制作用本身得以解决呢？答案是否定的。亚当·斯密提出"看不见的手"来比喻自由市场经济在资源优化配置中的基础性作用，认为人们在追求自身利益最大化的同时，也会增进社会福祉。但事实上，市场失灵的存在是无法回避的。作为"理性人"，企业的经营目标就是追求利益最大化，使得私人边际成本等于私人边际收益，但当存在具有共物品特征的环境投入时，企业就可能将环境方面的成本转嫁出去，造成污染物的过度排放。此时，虽然企业生产处于私人的帕累托最优均衡，但从社会角度来看却存在着效率的净损失，即社会边际收益小于社会边际成本，这就是所谓的"市场失灵"。

那么，在市场失灵情况下，应当如何解决环境污染问题呢？一般认为主要有两种途径：其一，界定产权。这是科斯提出的私人解决方案，当市场主体数量比较少且产权清晰的情形下，市场主体之间的自由交易可以解决外部性问题。其二，政府管制。当市场自身的解决方案无效时，可以通过政府颁布法令并强制执行，如颁发污染排放许可证、征收庇古税等，从而对市场自身的非效率结果进行矫正。可见，对于市场主体众多的环境污染问题，只有通过政府干预、引入环境规制才能够解决。

2.环境规制的起源与发展

（1）环境规制的起源

20世纪60年代，世界经济进入黄金发展期，全球国民生产总值翻了一番。但与此同时，发达国家对石油、煤炭等能源的过度利用导致环境问题频发，大气污染、水污染、土壤污染等问题日益严重。随着发达国家民众收入水平的提高，环保意识逐渐觉醒。一方面，环境科学有了很大的发展，生物、化学、地理等自然科学开始对环境问题进行探索，并从技术角度提出环境问题的后果和可能的解决方案；另一方面，一些经济学者也开始关注环境问题，探索环境问题与经济理论之间的联系，并试图用经济学的思想和方法来解释环境问题，分析其产生的经济根源以及可能的解决方法。美国学者加勒特·哈丁在1968年发表了著名的文章《公共地的悲剧》，将环境恶化归因于自私行为和市场失灵，认为政府应当对由环境外部性引起市场失灵承担责任。环境被人们当作公共物品过度地"使用"，人们在获得环境带来收益的同时承担的环境成本相对较小，而环境恶化却给整个社会造成了巨大的负面影响，造成大量的"公地悲剧"。

由此，政府开始颁布一系列环境保护基本法、设立国家环境保护机构，将环境保护纳入其社会职能范围之中，利用其在社会中特殊的地位，通过强制性的举措来约束和管制污染企业的相关行为。例如，美国在1969年颁布了《国家环境政策法》（National Environmental Policy Act，NEPA），这部法规是美国环境保护的基本法，被称为是美国环保"大宪章"。以立法形式明确了环境保护是政府的一项基本职责，使得政府环境管制的实施迈进了一大步。

（2）环境规制的发展

纵观世界各国政府在节能减排管理领域的发展历程，大体都经过了"强制性政策—非强制性政策—市场化规制措施—自愿协议"作为辅助手段这样的发展轨迹。目前，主要呈现出两个特点。

①市场机制等经济手段引入环境保护

到20世纪70—80年代，出现了一系列灾难性的环境事件，再次引发公众对环境问题的关注。1984年，印度博帕尔的农药厂毒气泄露造成2万多人死亡、20万人中毒；同年，瑞士桑德兹化工厂仓库发生火灾，导致30吨有毒化学品流入莱茵河。一些学者开始思考政府在环境问题中的过多干预是否有效，认为在环境治理方面也存在着政府失灵问题，提出引入市场机制来提高管制效率。

新古典经济学认为，环境问题是由负外部性导致的。例如造纸厂向河流中排放废水，造成下游农田被污染、居民生活环境变差、身体状况恶化，而造纸厂在从生产中获得了巨大利益的同时却往往没有承担相应的污染成本，而是将其直接转嫁给了社会。可见，造纸厂本身缺乏承担污染成本、减少废水排放的动机，这会导致其过度生产和过度污染。

20世纪80年代末以来，各国开始尝试将市场机制等经济手段引入环境保护当中，主要通过采取征收环境保护税、排污交易费、提供补贴和实施差别税率等方式。这些措施更加符合成本收益的原则，让行为人为自己的行为支付成本，从而引导"理性人"在利益最大化的原则下进行决策，逐渐解决环境问题。1992年，联合国环境与发展大会达成了《里约宣言》，其第16条明确规定了国际化的环境成本："国家当局应努力促进环境成本内部化和使用经济手段，同时考虑到这样的做法，即根据污染者原则上应承担污染费用，并适当考虑到公众利益和不扭曲国际贸易和投资"。

②从"强制性减排措施"向"自愿性环境管制"发展

"自愿性环境管制"主要表现为自愿性环境协议，即VEA（Voluntary Environmental Agreement），是指通过自愿协议的方式建立政府与企业、企业与企业、企业与其他团体间的相互制约关系，旨在促进企业或行业改进其环境管理行为，改善环境质量或提高资源利用效率的方法或政策工具。自愿协议常常与强制性减排政策共同使用，可以认为是在法律规定之外企业自愿承担的节能与保护环境的义务。与强制性减排政策相比，自愿协议可为工业企业参与者规定清晰的、可测量的环境效益目标。

20世纪90年代，"自愿性环境管制"措施逐渐在各国兴起。1992年在联合国环境与发展大会上通过的《21世纪议程》第8章32点指出："各国政府应考虑逐步积累经济手段和市场机制的经验，以建立经济手段、直接管制手段和自愿手段（自我管理）的有效结合"。在发达国家，"自愿性环境管制"措施得以广泛应用，非政府组织、企业参与的团体协会等大量出现，比较有影响力的包括国际标准化组织的ISO14000认证、欧盟的

EMAS（生态管理和审核计划）认证等。以美国气候行动合作组织（USCAP）为例，这个成立于2007年的组织是由美国各大企业（包括百事可乐、通用汽车等）自发组成的一个经济领域非政府联盟，旨在大幅度减少温室气体的排放，采取市场化手段协调环境与经济发展。

目前，自愿协议是国际上应用最多的一种非强制性节能减排措施，可以有效弥补行政手段的不足，在美国、加拿大、英国、德国、法国、日本、澳大利亚、荷兰、挪威等很多国家被广泛采用。企业一般将自愿协议作为其改善形象、提高竞争力的重要手段，并且参与自愿协议的企业往往能够获得政府在购买节能减排设备上的优惠等财政支持；而国外的政府则通常把引入自愿协议作为其改善管理效率的有效手段，见表1-3。

表1-3 代表性国家的自愿环境协议

国家	自愿协议内容
荷兰	1992年，荷兰政府与工业部门签订了自愿协议。工业部门承诺在1989—2000年提高能效20%，共计31个行业的上千家公司加入了协议。到2000年，最终的能效提高为22.3%，能效的提高完全符合预期目标，没有一个合同被终止，在可比条件下二氧化碳的排放大幅度下降，节能效益已达6亿多美元。之后，荷兰政府与大中型工业企业签订了新一轮（2002—2012年）的自愿协议，名为"基准自愿协议"。
美国	美国的自愿协议主要有绿色照明计划（Green Light）、能源之星（Energy Star Labled Products）、气候智星计划（Climate Wise）、气候挑战计划（Climate Challenge）、铝业自愿伙伴关系计划（the Voluntary Aluminum Industry Partnership，VAIP）等，都取得了非常好的效果。这些计划大部分是由环保局和能源部主导的，参加的行业要承诺采纳政府的特定方案，并达成特定的减量目标。政府则提供相应优惠措施，如认证并授予标志、公开宣传、技术和信息支持、教育培训、资金支持以及提高企业形象等。
丹麦	政府为了降低二氧化碳排放量，规定向企业征收二氧化碳排放税。但如果企业与政府签订自愿协议，就可得到税收减免。通过自愿协议政策，丹麦每年可以提高能效2%~4%。
德国	德国的气候保护自愿协议是以提高部门的能源效率和二氧化碳减排为目标的。如企业没有达到预定目标，政府将通过制定更为严苛的规章或提高税收来惩罚企业。

续表

国家	自愿协议内容
加拿大	自1975年，加拿大工业界自发地开展了"工业节能活动（CIPEC）"，有近700家公司参与。1990—1992年，由于全球变暖问题日益加重，"工业节能活动"做了大的改革：政府提出了"绿色计划""可替代与高效能源计划"，在自然资源部之外设立了国家级秘书处，加强政府与行业间的合作，有21个行业工作组、31个工业协会和组织的约3000家公司加入了"工业节能活动"。自1990年以来，加拿大GDP增长了17.2%，而能源消费仅增长了10%，工业界年均提高能效0.9%。加拿大自愿协议内容十分广泛，覆盖了资源重新配置、工艺改进设备更新和自愿综合利用等许多领域，有100多种。

可见，各国自愿协议尽管名称不同、组织各异，但其本质都是由政府倡导、工业行业（企业）自愿做出在节约能源、提高能效、减排温室气体、改善环境方面的承诺，不仅实现了节能环保的目标，而且使行业（企业）提升了生产、管理和技术水平，增加了效益，在社会上树立了良好的信誉和形象。

（三）区域协同治理

对于区域协同治理概念的剖析，需要从四层面引入。第一个层面是"何为治理"，第二个层面是"何为协同"，第三个层面是"何为协同治理"，第四个层面则是"何为区域协同治理"。

就第一个层面来说，对于"治理"一词的解释，1995年全球治理委员会在 *Our Global Neighborhood：The Report of the Commission on Global Governance* 一书中将其定义为："公共的或私人的个人和机构管理其共同事务的诸多方式之和。它是使冲突性或多样化利益得到调和并采取合作行动的持续性过程；既包括有权强制遵守的正式制度和体制，也包括个人和机构同意或认为符合他们利益的非正式制度安排。"[①]这一解释较为全面，也非常具有权威性。

就第二个层面来说，所谓协同，《辞海》中的解释为"同心合力，相互

---

①Commission on Global Governance.Our global neighborhood：the report of the commission on global governance[M].Oxford：Oxford University Press，1995.

配合"。《现代汉语词典》中进一步将协同定义为"各方相互配合或甲方协助乙方做某件事"。由此可见,中文语境下对协同的解释更加倾向于操作性层面,而对于协同的内在含义、特征等缺乏实质界定。近年来,越来越多的西方学者开始从组织理论的角度对协同进行界定,其中,Wood和Gray(1991)认为,"协同是身处问题领域的自主性利益相关者遵循共同的规则、规范和结构,对领域中的相关议题采取行动或做出决定的互动过程",这一概念强调组织之间的关系而非单个组织内部关系。Thomson等(2009)将协同定义为"是一个涉及共同规范和互利互动的过程,在这个过程中,自主或半自主的行为者通过正式或者非正式的协商,共同制定规则和结构以管理相互关系,并解决问题的行动和决策方式"。对于"协同"更加系统的定义来源于Haken(1971)所提出的协同学理论,他从系统的观点,将自然界和社会视作一个复杂的系统,这些系统内部还存在许多子系统,即使这些子系统的性质可能完全不同,但是各子系统之间仍然可能通过采取合作和竞争的方式,最终实现从无序到有序状态的演变,这种有序状态即为"协同"。

就第三个层面来说,对于"协同治理",田培杰(2014)认为协同治理主要是指政府、企业、社会组织或者个人等利益相关者,为解决共同的社会问题,以比较正式的方式进行互动和决策,并分别对结果承担相应责任。这一概念强调了协同治理的对象,即社会问题,而协同治理的主体是包含政府在内的利益相关者,协同治理的方式是互动和决策。对于这一概念,需要关注的是,对于社会问题的解决,政府发挥主导作用,但是这并不意味着政府是唯一主体,包含企业、公众等在内的利益相关者都是协同治理的主体。当然,由于社会问题往往具有外部性特征,诸如环境污染,这就需要发挥地方政府在治理过程中的主导作用。

就第四个层面来说,本书对"协同治理"的定义和研究主要集中于"区域",即"区域协同治理",这就需要进一步将"协同治理"的概念拓展至区域层面。因此,"区域协同治理"主要强调了不同地区的利益相关者,为了解决共同的社会问题,形成共同的行动方案和目标,所开展的一系列互动行为,这种行动包含正式和非正式的制度安排和行动。这里不同地区的利益相关者也具有多元性,包含政府、企业、社会组织或者个人,其主体仍然是政府。

第二章　文献综述

一、产业转移视角下投资区位选择的相关理论

（一）产业转移的概念和衡量指标

1.产业转移的概念

学者们对于产业转移这一现象的认识比较早，但时至今日，对其定义仍未形成统一认识（包晴，2009；魏玮、毕超，2011）。目前，较为普遍的认识是：产业转移是发生在不同经济发展水平区域之间的一种重要经济现象，是经济发展到一定阶段，由于要素供给、产品需求条件发生变化，引发区域比较优势变化，通过投资和贸易将某些产业从一个国家或地区转移到另一个国家或地区的动态经济过程。

一般认为，产业转移有狭义和广义两层含义。

首先，狭义的产业转移是指企业通过跨区域直接投资的方式，将部分或全部生产功能由原生产地转移到其他地区。这种产业转移实际上是企业的迁移，强调资本要素从一个区域向另一个区域的流动。其在国际产业转移中，可以通过FDI国际直接投资的规模来衡量；在中国区域产业转移中，可通过境内省外的资金利用规模来衡量。

其次，广义的产业转移是指在一定时期内由于区域间产业竞争优势此消彼长而导致产业区域在空间上的重新分布。此定义并不区分产业消长的原因（源于技术进步或者要素流动），也不区分需求的来源（源于本区域内或者区域外），而仅仅强调了产业分布份额在空间上的动态演化，揭示

了不同区域之间产业规模的此消彼长。实证当中，一般使用区域产业增加值的比例变动来衡量产业转移的规模。

本书对产业转移的概念补充了以下两个观点：

首先，产业转移并不等于资本要素的跨区域流动。一方面，产业转移过程中既涉及区域间的资本流动也包含着区域内的资本流动。假若某地承接了区域外的特定产业，固然会吸引更多的生产要素而实现产业的扩张。其中，资本要素的增加既可能来源于区域外资本的流入，也有可能来源于本区域内其他产业资本或者闲置资本的再利用。尤其是在一国之内，由于阻碍资本流动的壁垒很低，区域内和区域外企业进行投资时具有相似的决策基础。可见，与国际产业转移研究大多从FDI的视角展开不同，当以国内区域产业转移为研究对象时，严格将区域外资本流动与区域内资本流动严格区分开来既是没有必要的，也是没有意义的。另一方面，产业转移过程中伴随着多种生产要素的协同转移。资本要素的跨区域流动是产业转移的表现之一，但同时也伴随着劳动力、技术等其他生产要素的转移，不同生产要素协同转移的比例与该产业的要素密集度有关。

其次，产业转移并不等同于产业在空间上的重新分布。原因在于，即使不考虑区域之间的经济联系，假定每一个区域都是完全封闭的，区域内部需求条件和技术水平的改变同样会造成产业在不同区域的此消彼长，而这种消长演化显然不能归于产业转移的范畴。这意味着，脱离区域之间的分工和交换关系而仅仅以产业的分布演化来衡量产业转移的做法是不恰当的。只有当本区域某产业的扩张是为了满足其他区域的需求时，才能说本区域承接了其他区域的产业转移；同样，只有当本区域某产业的收缩是因为消费者转向了其他区域的同类产品，才能说本区域的该产业向区域外转移。

基于以上分析，本书认为，产业转移发生的原因是要素供给和产品需求条件发生变化而引发区域比较优势的变化，从而导致产业在空间上的重新布局；产业转移的路径是以资本要素为主的多种生产要素的协同转移；产业转移的表现形式是地区产品净流出或者净流入的持续增长（见表2-1）。

对上述概念的理解，需强调三个要点：（1）产业转移本质上是区域间分工格局的改变，表现为一些区域若干产业的扩张，另一些区域若干产业的衰减，这种产业结构的变动，并不单单是由区域内的需求变动引起，而是由区域间的相互需求引发（刘红光等，2011）。（2）产业转移的发生是通过生产要素在空间上的重新布局实现的，其中主要是资本的流动，例如学术界普遍使用FDI作为衡量国际产业转移规模的指标，但就研究一国之内的区域间产业转移来看，严格区分区域外资本流动和区域内资本流动是不必要的。（3）贸易是产业转移最终利益得以实现的保证。产业转移的动机是为了追求异地生产的低成本和高利润，而这种利益必须通过贸易才能实现。例如彭水军和刘安平（2010）选用国际贸易量作为衡量国际产业转移的指标。产业转移是双向的，既包括发达地区向后发展地区的产业转移，也包括后发展地区向发达地区的产业转移，本书主要是从后发展地区的视角，研究第一种产业转移。

表2-1 "产业转移"概念的研究重点

	本书的研究重点	狭义的"产业转移"	广义的"产业转移"
侧重点	要素供给和产品需求条件发生变化而引发产业在空间上的重新布局	企业的跨区域迁移	产业分布份额在空间上的动态演化
转移的原因	区域间需求条件和比较优势的相对变化	企业追求利益最大化的投资区位决策	区域间经济发展水平的差异
转移的路径	包括资本在内的一篮子生产要素在区域间及产业间的流动	企业对区域外的直接投资	技术的进步或者生产要素的流动
转移的结果	区域间贸易量的变化	资本要素的空间分布演化	生产区位的空间分布变化

按照产业转移的空间范围，可分为国际产业转移、区际产业转移和城乡产业转移。第一种，国际产业转移（也叫跨国产业转移）发生在国家（或者地区）与国家（或者地区）之间。公认的国际产业转移有三轮：第一轮是20世纪50年代，美国将钢铁和纺织等传统产业向日本、德国等国家转移；第二轮是20世纪60—70年代，日本和德国将轻工、纺织、机电等劳动密集型产业转向"亚洲四小龙"等新兴工业化国家和地区；第三轮是20世纪80年代后，以中国为代表的发展中国家承接了世界加工制造业和电子

信息产业,成为"世界工厂"。第二种,区际产业转移(又称国内产业转移、区域产业转移)发生在一国内部,产业在一国内部通过转移实现布局的优化,例如中国东部沿海地区的传统产业向中部或者西部地区转移。第三种,城乡产业转移是产业由城市的核心工业区向周边地区转移,例如近年来不少地方在城乡接合地区建立了新城、新区,如郑东新区、西咸新区、兰州新区等,有利于承接产业转移。本书研究的重点是第二种——区际产业转移。

2. 区域产业转移的衡量指标

由于产业转移的复杂性,产业转移状况一般很难直接测度,均是通过间接方法计算。综合国内研究学者的文献,对区域的划分有八大区域、东中西部地区、省级层面,也有部分文献以城市为视角。衡量区际产业转移的指标主要有三种方法。

(1)使用企业投资的区位选择数据

具体来说,选用企业投资作为产业转移的衡量指标,可分为三类,即新建企业数量、国内省外投资额和地区工业投资额。对于第一类指标,此类数据属于非连续性数据,且企业数量不等于企业投资量,无法准确反映产业转移的规模;对于第二类指标,由于国内现有数据库尚未统计企业在国内地区间的具体投资数额,现有文献中的数据来源参差不齐,数据质量不高,且大多仅限于局部地区的研究,而本书的研究对象是全国且时间跨度超过10年,此类数据不可得。因此,本书选择第三类指标是有依据的。同时,由于固定资产存量是投资持续积累的结果,其变动较为滞后,因此本书选择对投资成本更加敏感的"地区工业年度投资额"作为污染产业转移的替代变量,是一个可行且合理的选择。

代表性文献有:魏玮和毕超(2011)、王剑和徐康宁(2005)、Sung Jin Kang 和 Hong Shik Lee(2007)选择地区新建企业数来衡量产业转移中企业的区位决策行为。张辽(2013)在博士论文中也使用各地区年度规模以上新生企业数量作为各地区产业转移的表征变量。关爱萍、张娜(2013)使用各省引进国内省外投资额来衡量区际产业转移,数据来自各省历年的《统计公报》和《政府工作报告》,数据跨度2000—2011年,样本包括西部11个省市、自治区(西藏自治区除外)。桑瑞聪(2016)使用2000—2010

年上海、浙江、江苏、广东四个省市498家上市公司在中国各省市的投资额作为产业转移的衡量指标，数据来源于上市公司的年报。古冰和朱方明（2014）使用某地区污染密集型产业的固定资产投资来衡量污染密集型产业的转移。彭可茂等（2013）使用2002—2012年30个地区的工业投资数据，研究发现全国总体、东部及西部并不显示PHH（Pollution Haven Hypothesis，污染天堂假说）区域效应，而中部则存在长期稳健的PHH区域效应。

（2）使用区域间污染品贸易流量的数据

就中国来讲，区域间（包括八大区域层面和省际层面）贸易流量缺少直接的统计来源，大多文献采用区域间投入产出表中的调入和调出数据或者各省投入产出表的调入和调出数据，个别文献采用区域间铁路运输量。采用铁路运输量来衡量区域间贸易流量显然是不科学的，因为商品的空间移动未必是由于贸易的原因造成的。而采用投入产出表数据也有两个缺陷：第一，更新速度太慢。我国投入产出表每5年更新一次，逢尾数是2和7的年份才发布。第二，贸易产品的移动轨迹不明确。虽然区域间投入产出表中的调入和调出数据能够描绘出贸易产品移动的起点和终点，但对区域的划分仅限于八大区域之间，区域划分过于粗糙；而就省级投入产出表而言，虽然每个省（市、区）都有调入和调出的产品数据，但这些数据只描绘了贸易产品移动的单向特征，如调入数据表示从其他地方流入该省（市、区）的产品数量，而无法表明其来源究竟是何地；而调出数据也存在如此限制。刘卫东等（2012年、2014年）出版的《中国2007年30省区市区域间投入产出表汇编理论与实践》和《2010年中国30省区市区域间投入产出表》中，分别提供了包含各省（市、区）投入产出关系的投入产出表，能够描述省际贸易产品的移动轨迹，但在公开出版的书中只提供6部门[①]的简表，显然不能满足本书的实证研究需要，且作为个别学者的研究成果来看其数据的可靠性是值得商榷的。

代表性文献有：何龙斌（2013）统计了我国不同地区16种污染产业代表产品的转入和转出情况，证实了西部地区是大部分污染产业的净转入区。刘红光等（2011）根据《中国区域间投入产出表》测算了中国1997年

---

①6部门包括农林牧渔业、工业、建筑业、交通运输及仓储业、批发零售业和其他服务业。

和2007年的区域间产业转移，研究表明中国的产业转移具有"北上"特征，向中西部地区进行转移的趋势不太明显；肖雁飞等（2014）利用中国2002年和2007年的区域投入产出表对中国八大区域间的区际产业转移和产业转移所带来的碳排放区位转移进行定量分析，结果发现东部沿海的产业转移使西北和东北等地区成为碳排放转入和碳泄露重灾区。

（3）考察产业的集聚程度

通过集聚程度的变化来判断产业转移情况，如赫芬达尔指数（张公嵬、梁琦，2010）、区位商或者区位基尼系数（周世军、周勤，2012）。这种衡量方法隐含几个假设：第一，污染产业进出口结构不变且各省（市、区）增长幅度变化一致；第二，各省（市、区）居民对污染产品的需求增长稳定；第三，本地区居民用于该地区的投资历年变化不大；第四，未出现污染产品的相关替代品。

代表性文献有：刘巧玲等（2012）研究了我国东、中、西部污染产业增加值的分布情况，发现东部地区的污染产业正向中、西部转移，中、西部地区环境规制较弱是重要原因。张彩云和郭艳青（2015）选择各省（市、区）污染产业产值占全国的比重来衡量污染产业转移。

基于本书对于产业转移概念的界定和研究目的，在后面的实证分析中将采用各地区污染产业投资数据来揭示污染产业区际转移的作用过程，采用区域间贸易流量数据来揭示双边因素对污染产业区际转移的影响。

（二）产业转移的动因和模式

1.产业转移的动因

产业转移的本质是分工模式的动态变化所造成的生产和需求空间分离格局的改变。一方面，如果某区域产品净流出量逐渐减少，则可认为产业从该区域向外发生转移；另一方面，如果某区域产品净流出量逐渐增加，则可认为该地区正在承接其他地区的产业转移；在此过程中伴随着转出地资本的流出和生产的衰退，以及承接地资本的流入和生产的扩张。随着时间的推移，区域分工的格局是动态变化的，导致这种变化的原因十分复杂，其中最为普遍接受的观点是生命周期理论和边际产业转移理论。

（1）生命周期理论

1966 年弗农（Vernon）在《经济学季刊》上发表了一篇文章 *International Investment and International Trade in the Product Cycle*，提出创新国和追随国之间的技术差距会导致两国之间的分工和贸易，并且随着产品生命周期的不同阶段逐渐推进，新产品和新技术就像海洋中的波浪一样一波一波向前推进，不同类型国家的分工角色和贸易模式会随之发生动态改变。与之前的分工理论中认为分工模式一旦形成就会相对固定的观点不同，弗农的这个观点是建立在产品生命周期的概念之上来解释分工和贸易的动态变化，被称为"产品生命周期理论"。

产品生命周期理论认为，就像一个生物的生命历程一样，新产品从发明创造出来开始，也会经历一个"成长—成熟—衰亡"的周期，在周期的不同阶段中国际分工的模式会发生动态变化（见图2-1）。第一阶段，新产品导入期（新生期）。在此阶段，由于新产品技术尚不稳定、生产成本较高、消费者对新产品还不熟悉，生产者必须在排除各种不确定因素的过程中不断开拓市场，因此生产和销售主要是面向创新国（如美国）国内的，没有进出口贸易。第二阶段，成长期。随着时间的推移，国内市场逐渐扩大，产品的生产技术日臻完善，并开始进入大规模生产阶段，由此导致生产成本迅速降低，商品不仅在国内市场上热销，并且开始出口到消费结构较为相似的其他发达国家或地区（如欧洲、日本等）。第三阶段，成熟期。大量的生产和销售使得国内市场趋于饱和，销售增长趋缓。随着其他发达国家逐渐学习并掌握这项新技术，它们凭借更加廉价的生产要素（如资本）生产出更加廉价的商品，竞争力迅速超过了创新国。创新国逐渐沦为进口国，而发达的模仿国则取而代之成为这种产品的出口国，即承接了创新国的产业转移。第四阶段，衰退期。随着发展中的模仿国逐渐掌握这项新技术，就会凭借廉价的劳动力取代发达的模仿国成为这种商品的主要出口国。

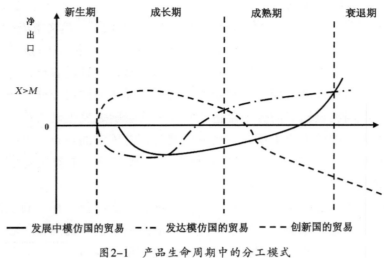

图2-1　产品生命周期中的分工模式

　　弗农认为，工业发达国家的产品周期是生产先行，然后是出口再进口，即"生产—出口—进口"模式；而后发工业国家或发展中国家则是"进口—国内生产（进口替代）—出口"的产业发展路径。这样一来，在不同类型的国家之间存在着供给-需求错位分布的动态演化，如图2-2所示。

　　结合本书中关于产业转移的定义，在产品生命周期过程中，三类国家（创新国、发达模仿国和发展中模仿国）之间发生了两次产业转移（如图2-3所示）。第一次产业转移发生在创新国和发达模仿国之间，当新技术传播到发达模仿国时，后者凭借丰裕的资本要素展开大规模生产，取代创新国成为这种商品的最大出口国，即承接了来自创新国的产业转移。第二次产业转移发生在发达模仿国和发展中模仿国之间，当后者掌握了这项新技术之后，凭借廉价的劳动力取得成本优势，取代前者成为这种商品的最大出口国，即发展中模仿国承接了来自发达模仿国的产业转移。其中有两点值得注意：第一，产业转移伴随着资本等要素的区位分布变化。在产业转移的过程中，转出国的该产业逐渐沦为夕阳产业，包括资本在内的生产要素流向其他产业或者其他国家；而承接国的该产业则迅速扩张，吸引了大量生产要素向该产业集聚。但这种要素区位分布的变化并不能完全等同于资本要素的跨区域流动（详细分析见3.1.1节），更不能简单等同于国家之间的FDI（或者区域之间的资本流动）。第二，现实中的产业转移可能会进行多次。本书模型中只考虑了三种类型的国家，推论出产业转移会发生两次。而现实生活中并不仅仅只有三种类型的国家，因此现实中发生产业转移的次数可能会有多次。

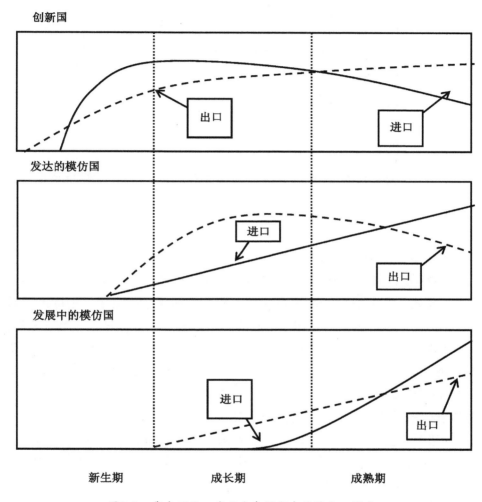

图2-2 弗农理论：产品生命周期中的进出口模式

注：生产和消费分别用实线和虚线表示，出口和进口分别用生产和消费两曲线的差的面积部分表示。

资料来源：Raymand Vernon.International Investment and International Trade in the Product Cycle[J].Quarterly Journal of Economics，5，1966，pp.199.

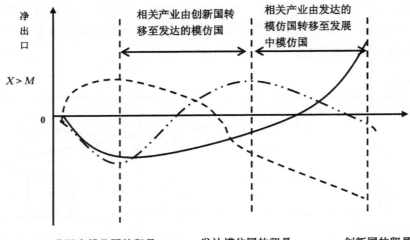

图2-3 产品生命周期中的产业转移

(2) 边际产业转移理论

1973 年，日本经济学家小岛清（Kojima，1973）将其老师赤松要的"雁行模式"与弗农的产品生命周期理论结合起来，提出了"边际产业转移理论"。"雁行模式"适用于解释东亚发展模式，即以日本为第一雁阵、"亚洲四小龙（NIES）"为第二雁阵、东盟国家和地区（ASENA）为第三雁阵的雁行发展形态。赤松要的"雁行模式"主要是描绘日本和其他后发工业国的产业发展路径，而小岛清的"边际产业转移理论"则重点描述以海外直接投资为表现形式的产业转移轨迹。

"边际产业转移理论"认为，投资国向海外转移的应该是投资国国内已经失去比较优势，而在投资对象国却具有或潜在具有比较优势的产业。当投资国企业将自己的经营资源从本国那些已经失去了比较优势的产业（即"边际产业"）中撤出来，转移到其他国家的具有（潜在）比较优势的产业中，对投资国和投资对象国都是一种福利最大化的选择。图2-4可以表示边际产业扩张所产生的"双赢"结果。

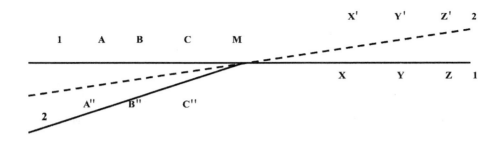

图2-4　小岛清边际产业转移理论的经济意义说明（顺贸易投资）
资料来源：[日]小岛清.海外投资的宏观分析[M].文真堂，1989.

图2-4中，轴线1-1表示对外投资国的产品成本线，假设对外投资国A—Z产品的生产成本都是100日元。轴线2-2表示投资对象国的产品成本线，按照产品价格从低到高排列，假定A'的价格为0.5美元、Z'的价格为3美元。假定汇率为100日元=1美元，在M产品上两国的成本相等。在M点以左的A、B、C产品上，投资对象国的生产成本低于对外投资国，因此具有比较优势。如果投资国放弃在本国生产A、B、C产品，而是加大对投资对象国相关产业的直接投资，即将这些产品的生产转到投资对象国，那么，投资对象国比较优势产业的优势将进一步扩大，相关产品的价格进一步下降。由于承接了投资国的产业转移，投资对象国的A'、B'、C'产品的成本进一步下降到A"、B"、C"，产品竞争力进一步加强。另一方面，投资国则能够以更低的价格从投资对象国进口此类产品，从而双方获得"双赢"的结局。

小岛清的"边际产业转移理论"有以下两个特点：第一，适用于"顺贸易型对外投资"。以日本为典型代表的对外直接投资，主要集中在低技术的劳动密集型产业，且以中小企业为主。这和欧美国家主要由大型跨国公司来主导的对外投资活动形成鲜明对比。该理论说明建立在比较优势基础上的"顺贸易型对外投资"能够给双方带来互利的结果。第二，主要适用于解释东亚的雁行模式机理。日本通过向亚洲NIES的对外直接投资和技术转移，把在日本因经济发展、劳动力成本增加而失去比较优势的劳动密集型产业转移到亚洲NIES；而亚洲NIES的经济发展到一定阶段后，又可以重复日本当初的行为，将失去了比较优势的产业转移到ASEAN。于是，在日本、亚洲NIES、ASENA之间形成了一种雁形发展的状态。

2.产业转移的模式

（1）区域梯度转移模式

区域梯度转移模式是基于区域生命周期理论而提出来的。其主要观点是：客观上不同区域之间存在着经济和技术发展的梯度差异，产业与技术会由高梯度地区向低梯度地区扩散和转移。

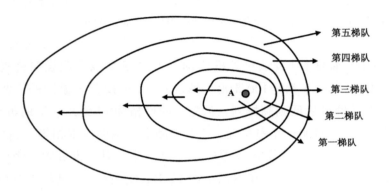

图2-5　假想的区域梯度转移模式

区域梯度是区域间经济发展差距在空间分布上的表现。如图2-5所示，将全国各区域的经济与技术发展水平在图上标出，然后将数值相同的点连接成线，就会得到一张区域经济梯度图。按照一定的标准将区域差距划分成若干梯队（如图中是五个梯队），不论是发达国家还是发展中国家，区域间的梯度差异是客观存在的，不同的是差异程度而已。一般而言，发达国家的梯度相对和缓（如图中A点左侧），而发展中国家的梯度则相对陡峭（如图中A点右侧），也就是说，右侧的梯度差异较左侧的更为显著。产业和技术会由高梯度地区向低梯度地区逐渐扩散与转移，即遵循"第一梯度—第二梯队—第三梯队—第四梯队—第五梯队"的顺序发生产业转移。

与区域生命周期理论相比，区域梯度转移理论有三点进步：第一，考虑到转出地和转入地的双边因素对转移路径的非线性影响。产业梯度转移的快慢和强弱取决于三种力量的综合作用，即极化效应、扩展效应和回流效应。极化效应会使生产向优势突出的高梯度地区集中，导致梯度差扩大；扩展效应会促进低梯度地区发展，缩小梯度差；回流效应会遏制低梯度区域的发展，从而扩大梯度差。第二，揭示了经济发展的空间依赖关系。经济发展需要遵循客观规律，落后地区不可能在无传统产业发展的基础上突然起飞。落后地区发挥"后发优势"赶超发达地区，在很大程度上需要借助产业转移的契机实现跳跃发展，而这种转移大多发生在存在地缘关系较近的区域之间。第三，强调了政府的作用，政府可以制定适当政策以引导产业有序转移。区域产业转移是以某种方式传播的，在遇到诸如政治障碍、经济体制弊端、错误认识等阻力时传播速度减慢甚至停滞。发达地区的推力不足或者落后地区的拉力不足均可能阻碍产业顺利转移，此时政府可指定适当的政策加以引导，以促进产业在区域间的有序转移。

但此理论也存在一些弊端。第一，该理论没有考虑同一梯度内部的异质性特征。事实上，同一梯度内部的发展状况并非匀质的，每个区域内部都存在着异质性，正如中国珠三角地区和长三角地区的产业转移中有相当比例是发生在其区域内部的（如中心城市与外围城市之间），尤其是在中国城乡二元结构的背景下，这个情况显得更为普遍。第二，该理论对于一些产业长时间滞留原产地而不向外转移的原因缺乏深入剖析。大量实证研究表明，近年来一些产业长期地、大规模地滞留在原产地而不向外转移，可能的原因包括市场需求的不均衡分布导致生产区位向市场需求集中的地区附近集聚、运输成本的存在、规模经济等因素造成的自我强化效应等。但在梯度理论中这些因素并未被深入讨论。

（2）中国区域产业转移黏性及其成因

20世纪90年代，国外学者开始研究国家之间的产业转移现象，之后针对同一国家不同区域间的产业转移黏性问题也逐渐进入研究视野。近年来，一些学者对中国区域产业转移问题的研究逐渐深入，大量文献都表明中国区域产业转移并没有完全按照"东—中—西"部的梯度转移模式，而是存在着显著的路径依赖和转移黏性。

综合现有文献，中国区域产业转移黏性的成因大致可以分为以下四类：

第一类，劳动力流动。不少国内学者从劳动力成本的角度论述了大规模产业转移滞缓的原因。如张存菊和苗建军（2010）认为，我国中西部地区大量的劳动力流向了东部沿海地区，使东部沿海地区要素供给弹性非常大（尤其是劳动供给），导致沿海发达地区外来劳动力实际工资增长缓慢，而实际工资成本增长缓慢又导致当地劳动密集型产业转移缺乏动力。也就是说，我国劳动力近乎无限供给的特征因素延缓了东部产业转移的紧迫性，导致了产业转移的黏性。

第二类，区位因素。除了劳动力成本之外，一些学者提出东部地区拥有的一些独特的区位优势造成了东部地区产业转移的难度，经济区位重心沿海化的趋势阻碍了梯度转移扩散，形成梯度黏性（王思文、祁继鹏，2012）。区位因素大体包括两个方面：一方面，中西部生产成本（包括土地成本、劳动力成本、基础设施、开放度、企业家才能等方面）、运输成本和有关商务成本过高是导致区域间产业转移滞缓的重要原因（成祖松等，2013）。另一方面，地方政府的政策考核体系和社会壁垒等因素也阻碍了该地区产业的梯度转移。地方政府的考核体系中包括就业水平、财政收入和经济增长等评价标准，当具有传统比较优势的产业进行梯度转移时，往往会面临较高的退出成本和转移壁垒，这在一定程度上加剧了该地区产业转移的黏性问题（胡玫，2013）。

第三类，产业集聚。从新经济地理学的产业集聚角度来看，先发区域产业集群的"极化效应"以及区域发展的"路径依赖"都会导致产业区域黏性。随着集群整体竞争力的增强，"产业转移—形成集群—要素吸引—集群扩张—加速要素吸引"的循环积累过程会形成一种路径依赖，集群内部长期形成的完整产业链体系会促使企业具有区位稳定性，不会轻易转移搬迁。除非整个产业链出现转移，企业才会考虑迁移到其他地区，所以，产业转移的路径依赖将会诱发产业转移的黏性问题（耿文才，2015）。

第四类，迁移成本和沉没成本。迁移成本和沉没成本对产业转移黏性的影响也不容忽视。从企业收益-成本的微观视角来看，迁移成本过高肯定会影响企业的转移意愿。而对于资产专业性较强的产业，选择迁移就意味着企业必须承担一些无法转为他用的专用性资产损失，这种损失在一定程度上削弱了其转移的积极性，而且沉没成本越高，则对其转移意愿的削弱越大（李占国、孙永久，2011）。

就污染密集型产业转移的黏性特征来看，现有文献中关于其成因涉及的并不是很多，研究也并不深入。大体有两种观点：第一，一些污染密集型产业具有资本密集型的生产特征，资本要素丰裕的东部地区具有比较优势。"钱随人走""资本逐利"的特性使得东部地区成为大量国内资本和外来资本的集聚地，资本要素向东部地区的极化流动极大地弱化了污染产业区际转移的动力，使产业转移滞缓现象成为可能。第二，环境规制政策的"倒逼效应"。"波特假说"认为适当的环境规制能够倒逼污染密集型产业实施技术革新或采用创新性技术，从而在减少生产成本、提升产品质量的同时，降低污染排放并提高市场竞争力，在长期可以提升生产效率和生存能力，污染密集型产业区际转移黏性由此产生（吴伟平，2015）。

综合现有文献，对污染密集型产业转移黏性的成因研究存在着不足。主要表现在对环境规制与中国污染产业区际转移的关系研究不够深入，没有弄清楚环境规制对污染产业投资区位和污染产业区际贸易之间的作用机制和差异性，没有弄清楚不同的环境规制工具对污染产业转移的影响，没有弄清楚不同地区的环境规制与污染产业转移之间的关系。基于此，本书重点分析环境规制对污染产业区际转移的影响。

（三）产业转移中的投资与贸易

1.产业转移中的投资区位选择

企业与其所处的经济、社会和自然环境之间以各种形式联系在一起，构成一个开放系统。企业进行投资决策时，会将内部因素和外部因素结合起来进行选择。

首先，区位因素的流动性对企业投资区位决策的影响存在显著差异。

一般而言，流动性较强的要素对企业区位决策的影响较小，因为企业对该要素的内部化基本上可以通过要素的流动来实现，而不必通过企业搬迁来实现。当然，对企业区位决策影响较大的是流动成本较高或者不可流动的要素，企业只能通过搬迁来对此类要素实现内部化。也就是说，企业进行投资决策的过程实际上是在对搬迁成本（包括沉没成本）和不可流动区位因素（也包括流动成本较高的要素）的内部化优势之间进行权衡的基础上进行的。

根据运输的可能性或运输成本的不同，区位因素可分为不可流动因素、有限流动因素和高度流动因素三类（见表2-2）。

表2-2 按照流动性划分的区位因素

流动程度	不可流动	有限流动	高度流动
区位因素	产业集聚 基础设施 土地 环境规制	劳动力 实物资本 技术和创新 能源	金融资本 信息

就资本要素而言，其流动性取决于资本的形式。金融资本（如银行信贷）一般被视为高度流动的因素；而对于实物资本来说，由于已投入的资本会引致很高的迁移成本，在短期来看是不可流动因素，但长期来看在行业之间的转换仍然是可行的，因此可视作流动资本。此外，资本要素的流动性与企业规模有关，中小企业的投资多发生在所在区域及附近地区，而大型跨地区（或跨国）企业的投资一般具有高度的流动性，因为此类企业的信息搜寻半径和业务覆盖半径都较大。

就劳动要素而言，由于地区间经济、社会和文化上的障碍，其流动性受到很大限制。经济方面的障碍主要是房产，尤其是近些年热点地区房产价格的飙升显著抑制了劳动力的流入；社会方面的障碍主要是社会网络，包括当地的朋友、熟人圈等；文化方面的障碍包括生活习惯、饮食文化、对当地的归属感和认同感等。同时，劳动力的流动性与年龄、家庭状况和教育等特定因素相关。技能低、年纪大及带有正处于教育年龄孩子的劳动力流动性非常低；相反，年纪轻、受过良好教育的劳动力，在家庭条件允许的情况下，具有较高的流动性。

就技术和创新而言，同样存在区域差异，且流动性有限。虽然尚处于保密阶段的新技术和新专利的流动性较低，但一般的新技术及相关信息则被视为具有相对的流动性。一方面，新技术的扩散与企业的需求有关。如果同类企业缺乏创新精神，对新技术没有需求，则不利于新技术的扩散；反之，如果同类企业勇于创新、力争上游，对自身的技术水平要求较高，则有利于新技术的扩散。另一方面，新技术的扩散与当地既有的技术水平有关。对于拥有良好的技术创新环境以及较高水平的技术专家人员的地区，在引进和吸收新技术方面的优势更为明显。

就环境规制来讲，基本可以划为不可流动要素。环境规制对企业生产成本的影响，一方面与该地区环境规制的平均水平和政策结构有关，另一方面与环境规制的落实程度紧密相关。而这两个方面都与企业所在地紧密联系，因此将环境规制作为不可流动要素来看待。

其次，上述区位因素对企业投资决策的影响程度与其所在行业的要素密集度有关。根据产品生产过程中所耗费的各种生产要素的比例，大体可分为劳动密集型产业、资本密集型产业、土地密集型产业以及技术密集型产业。一些学者提出污染密集型产业（简称污染产业）的概念，即在生产过程中消耗大量的环境（生态）要素、排放大量污染物（包括废水、废气、固体废弃物等）的产业，如黑色金属冶炼业、造纸工业、非金属矿物制品业等。污染密集型产业是环境污染的主要来源，也是政府进行环境监管的主要对象，对环境规制较为敏感。一般认为，此类产业具有两个特点：（1）大部分污染产业的附加值较低，随着地区经济发展水平的提高，此类高污染、高耗能、高排放的"三高"产业逐渐沦为优先淘汰的目标。因此，对于转型时期的中国经济，研究污染密集型产业的空间转移问题符合目前经济发展阶段中供给侧改革的特点；（2）大部分污染产业的资本使用量相对较多，一般认为也属于资本密集型的产业。鉴于环境规制的不可流动，从资本要素的空间流动视角来观测此类产业的转移是恰当的、可行的。

2.产业转移中的区域分工与贸易

区域分工，亦称劳动地域分工或地理分工，是社会分工在经济地理空间上的表现形式。从单个区域的角度来看，它表现为区域生产的专门化，即各地区专门生产某种产品，或某一类产品，甚至是产品的某一部分。区域分工是社会生产力发展到一定阶段的产物。区域分工不仅制约资源的空间配置效率，而且影响区域之间的经济利益格局。

区域分工的形成有两个基础条件（图2-6）：一是区域具有某种生产优势，二是区域之间存在供需差异。一方面，从供给角度来看，在生产力"趋优分布"规律下，各地区根据自身的比较优势进行劳动地域分工，当劳动地域分工发展到一定规模时就会形成区域专业化部门，全社会形成一个专业化体系；另一方面，从需求角度来看，正是生产和需求在区域分布上的不一致才决定了区域分工的格局，专业化的某一类或某一种产品的生产必须超过当地的需求量才能形成区域之间的分工联系。可见，从区域分工的形成过程来看，包括资本在内的生产要素的初始分布与转移演化决定了区域优势；从区域分工的表现结果来看，区域分工必须通过区际交换来实现其专业化部门生产的产品价值和满足自身对本区域不能生产或生产成本较高的产品的需求。

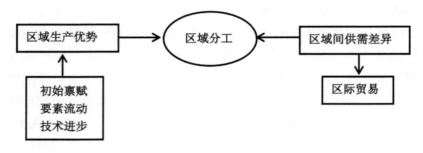

图2-6　区域分工的基础

传统的区位理论建立在古典和新古典的假设前提下，以生产成本为研究重点，认为企业会选择在生产成本较低的区位进行生产（Adam Smith，1776；Alfred Weber，1909；Ohlin，1933）。其特点可总结为：第一，以成本为研究对象，忽视了对利润的研究。实际上，最小生产成本并不能最终确定企业的最优区位，成本最低也不意味着利润最大化。而这一缺陷的根源在于古典和新古典经济学理论中关于完全竞争市场结构的假设。第二，基于静态视角，缺乏动态演化的推演。传统区位理论认为决定成本的要素是既定的，并不讨论它们为何会产生，也不认为它们会发生变化。而随着资本、劳动等生产要素的流动加快，产业聚集、规模经济等现象凸显，这种缺陷就被加倍放大。第三，侧重生产侧的分析，缺乏需求因素的引入。传统经济学说认为供给能自动创造需求，因此常常忽视需求侧的分析，传统区位理论当中也存在如此漏洞。而实际上市场的规模、距离市场的远近、市场的交易成本等因素对于企业的生产影响巨大。

二战之后，随着垄断势力的发展，不完全竞争的市场结构对经济活动的影响程度日益加深，将不完全竞争因素引入分工理论为产业转移黏性提供了新的思路。主要包括两个观点：第一，规模经济。1985年，美国的著名经济学家克鲁格曼（Krugman）和赫尔普曼（Helmpan）在著作《市场结构与对外贸易》中提出规模经济分工理论。主要观点是，即使劳动生产率和要素禀赋完全一样，规模经济也可以成为两个国家之间分工和贸易的一个单独的起因。两个国家会各自选择其中一种商品进行专业化生产，生产出来的商品供给两个国家的消费者，这样一来，消费者可以以低廉的价格同时消费两种差异化商品，而生产商则都可以实现规模经济获取更高的利润。基于规模经济的分工模式具有很强的路径依赖。规模经济分工理论认为，区域发展可以理解为一个外部规模经济（市场外部性）驱动下的经济空间的自我强化过程，某些偶然性和不确定性因素、历史和特殊事件、某些偏好、某种生产要素的可获得性等，都可能在自我强化的过程中不断放大而对区域分工格局的形成产生决定性作用。而一旦这种格局形成，又会通过生产的前向和后向关联以及要素的流动产生积累效应，使得非理性的经济分布具有"锁定（locking in）"效应。第二，产业集群。20世纪八九十年代，美国哈佛商学院教授迈克尔·波特（Michael Porter）从宏观、中观和微观三个视角审视一个国家在某个特定行业获得竞争优势进而取得国际竞争成功的原因，在大量调研的基础上提出了包含四个内因和两个外因的钻石模型。四个内因分别是生产要素、需求条件、企业组织战略和同业竞争、相关行业与支撑行业，两个外因分别是机遇和政府。波特认为，一个国家或地区的某个产业在国际上具有竞争优势来源于彼此相关的企业集群，而非某一家企业或者某一类产业自身的单一优势。基于企业集群视角的区域分工模式具有以下三个特点：首先，产业集群的发展使区域按劳动分工理论形成专业化产业区。产业集群通过某种优势（绝对优势、比较优势、禀赋优势或者规模经济等）形成专业化产业区，即大量企业集中于一个主要产业，同时包括关联类、依附类的企业，以及生产性和非生产性基础设施。其次，产业集群会形成区域分工的"路径依赖"，但不同规模企业的依赖程度存在差异。企业集群比较强调大企业在区域发展中的作用，如以"大企业为龙头、中小企业为网络"的发展模式，同时也非常重视中小企业的作用，认为相对于大企业来说，中小企业更不容易发生区位移植，更具有地方"根植"性。再次，企业集群的发展有利于区域创新体系的形成。企业集群有效促进了区域各种要素的结合，有利于地方创新主体与合作的制度和社会结构的形成，培育了创新和技术进步的产业环境。

二、污染产业转移的影响因素

如前所述，区域产业转移是产业面临地区间成本约束差异下的区位选择的结果。除了来自劳动力、土地、资本等要素成本以外，区域间环境规制强度的差异也可能会对企业的生产成本造成影响，尤其是污染排放密集型的企业对环境规制强度更为敏感。可见，区域间环境规制强度的差异可能会造成污染产业的区际转移。国内外学者对此问题展开深入探讨，形成了两个理论假说："污染避难所假说"（Pollution Haven Hypothesis，简称PHH，也称为"污染天堂假说"）和"波特假说"。

（一）环境规制强度与污染产业转移

1. "污染避难所假说"的提出

所谓"污染避难所假说"，是指发达国家执行严格的环境规制增加了其污染密集型产业的生产成本，企业为躲避本国严格的环境标准，将污染密集型产业通过FDI、对外贸易等方式转移到劳动力相对便宜、环境规制相对宽松的发展中国家，导致后者沦为前者的"污染避难所"或"污染天堂"。可见，PHH的基本观点是认为污染产业倾向于向环境规制宽松的地区转移。关于PHH的认识通常存在以下两个误区：（1）将污染产业转移与污染转移混淆。虽然污染产业的转移可能会伴随着污染的同向转移，但是后者产生的原因并非完全来源于前者，产业结构调整、环保技术进步以及消费性污染排放都有可能对污染的分布产生影响。PHH研究的是环境规制与污染产业转移的关系，而不是与污染转移的关系。（2）环境规制强度与经济发展水平并非呈现单一的负线性关系。一般认为，随着经济的增长，地区环境规制水平会提高，但事实上并没有充分的证据证明这个结论。其原因是：一方面，与实证分析中采用的环境规制测量指标不同有关；另一方面，也是最主要的，环境规制强度与地方政府的政策执行力度紧密相关，而政府的目标除了考虑经济因素之外，也与政治考核体系有关。因此，不能简单地认为低发展水平地区的环境规制就理所当然地弱于高发展水平的地区。

理论上对PHH的剖析，大多是从环境规制对生产成本的负面影响方面展开论证的。Walter和Ugelow（1979）基于比较优势原理提出若一国单方面提高环境管制水平，与其他企业相比本国污染性质的企业将失去竞争优势，从而被迫向其他环境规制低的国家转移；若环境保护程度不同的国家之间进行自由贸易，则低环境标准国家所承担的环境成本相对较低，成本差异所产生的"拉力"会促使高环境标准国家增加污染产品的进口以替代本国的污染品生产，也就是说污染产业从高环境标准国家向低环境标准国家发生了产业转移，出现了"污染避难所"现象。Pething（1976）采用李嘉图模型，把环境损害作为有害产出，认为环境管制会减少污染密集型产品的比较优势，在其他条件相同时，各国环境管制强度的差异决定着两国的贸易模式。Baumol和Oates（1988）基于两国贸易模型研究了局部均衡，假设一国实施严格环境政策，而同时另一个国家没有实施环境管制，则实施国的污染密集型产业比较优势下降，而另一个国家将会专业化于污染密集型产业的生产，也就是说，环境管制差异会影响两个国家或地区的贸易比较优势。Tobey（1990）将环境规制当成一种要素禀赋纳入H–O–S的理论框架，构成比较优势的来源之一，并指出两国之间环境规制差异越大越容易发生产业间贸易。

新经济地理学兴起后，学者们尝试将环境污染纳入新经济地理学的研究框架。Quaas和Lange（2004）将各地区的环境污染纳入Krugman的核心–外围模型，发现除了企业在各地区的平均分布和核心–外围分布两种稳定均衡之外，还出现了大部分企业分布在一个地区而小部分企业分布在另一地区的第三种稳定均衡。Marrewijk（2005）考虑到环境污染的负外部性，认为当核心地区的环境污染水平高于外围地区时，核心地区对企业和工人的吸引力将下降，产业集聚的程度可能会降低。Rauscher（2009）基于自由资本模型分析了环境污染和产业区位分布之间的关系，发现地方政府对环境规制强度的微小调整可能会导致企业区位选择的非连续变化。Zeng和Zhao（2009）则发现在产业集聚区域或市场规模较大的区域，企业不会因为环境规制的些微提高而转移到产业非集聚区域，即产业集聚条件下PHH可能不会发生。

2.对PHH的实证检验——跨国证据

实证上对PHH的验证多数是从产业的跨国转移视角展开的，按照选择的产业转移指标可分为三类：基于FDI的验证、基于贸易量的验证和基于生产规模的验证。

（1）基于FDI的验证

Lucas 等（1992）发现1976—1987年污染密集型企业从美国转移到欠发达国家的证据。Xing和Kolstad（2002）以二氧化硫排放作为目的地国的环境松弛度代理变量，发现美国化学与金属原料制造业的FDI与二氧化硫排放显著正相关，证明了"污染避难所效应"的存在性。Cole和Elliot（2005）发现美国各行业对外FDI与污染控制成本显著正相关。Wagner和Timmins（2009）利用德国制造业FDI面板数据在控制了集聚效应后，利用GMM方法发现化学工业存在显著的"污染避难所效应"。

（2）基于进出口贸易的验证

Taylor和Copeland（1994）首次构建比较优势由要素禀赋和环境规制差异共同决定的理论模型。Antweiler等（1998）首次采用跨国面板数据，研究发现"污染避难所效应"和要素禀赋效应都成立，对外贸易有利于环境质量的改善。Mulatu（2004）认为环境规制已经成为一种新型贸易壁垒，当发展中国家污染密集型产业增长时，OECD（经济合作与发展组织）国家环境规制加强，有利于阻止环境规制松散国家的污染密集型产业进入环境规制较强的国家。Hamamoto （2006）认为，环境规制松散的国家在生产污染品方面具有更高的比较优势，倾向于出口污染密集型产品。Levinson和Taylor（2008）构建了一个克服了非观测效应、内生性和加总偏误的回归模型考察环境管制对贸易流的影响，采用美国、加拿大和墨西哥130个行业1977—1986年的数据进行实证检验，发现污染减排成本高的行业经历了一个净进口的高增长，推论出"污染避难所效应"很可能存在。David（2009）指出，由于环境规制是一个内在化的成本，环境规制越严格意味着环境成本越高，有可能会降低污染品的出口竞争力。Broner等（2012）认为环境规制增强将会降低污染密集型行业的比较优势。

（3）基于生产规模的验证

Birdsall和Wheeler（1993）研究发现，OECD成员提高环境标准之后，拉丁美洲的污染密集型产业比重提升速度加快。

3.对PHH的实证检验——中国证据

关于中国环境规制与污染产业转移的研究，大多集中在环境规制与中国吸收FDI的关系研究，近年来，越来越多的研究开始转向中国区域间环境规制差异对区际产业转移的影响。

（1）中国承接国际产业转移的PHH实证检验

学者们的研究焦点集中在中国宽松的环境规制是否是造成污染产业IFDI（外商直接投资）的原因。Judith和Mary（2005）构建区位选择模型并结合条件Logit模型和嵌套Logit模型对不同来源地的FDI进行研究，发现宽松的环境规制只对中国港澳等地区的污染密集型FDI具有吸引力，而对OECD国家的吸引力则较弱。吴玉明（2006）利用中国1998—2001年30个省（市、区）的面板数据对我国FDI与环境规制的关系进行了格兰杰检验，发现环境规制强度与我国各地区引进外资有着负面影响。傅京燕和李丽莎（2010）引入政府效率、政府反腐败程度等指标，通过对FDI与环境规制的关系进行实证分析，证实了我国各地区间存在"污染避难所效应"。在新经济地理框架下研究国内IFDI与环境规制的文献较少，郭建万和陶峰（2009）构建了一个简单的新经济地理模型，发现当不考虑集聚经济时PHH在中国成立，但考虑到集聚经济时IFDI与环境规制强度则呈现正相关关系，即PHH不成立。周长富等（2016）基于成本视角的实证研究发现PHH在我国的证据并不充分，环境污染治理成本并不能抵消经济发展水平、管理成本和贸易成本等形成的比较优势。

同时，也有一部分学者从对外贸易的角度展开研究，傅京燕和周浩（2011）采用1998—2006年中国省级面板数据，发现对外贸易引致的PHH成立，而要素禀赋效应不成立。苏梿芳等（2011）认为环境规制与中国对外贸易存在显著的负面影响，证实了PHH的存在。李玉楠等（2012）研究发现环境规制显著影响我国污染密集型产业出口贸易，出口量和环境规制之间呈现出"U"形关系，且目前大多数制造业尚处在拐点左侧。薛蕊和苏庆义（2014）使用各省相对出口指数检验了环境规制对中国污染密集型行业比较优势的影响，实证结果否定了PHH。

（2）中国区域间产业转移的PHH实证检验

近年来，一些学者开始将研究视角转向中国区域间环境规制差异对区际产业转移的影响。通过梳理，按照产业转移的衡量指标现有文献大致可以分为以下三类：

首先，大多数学者从生产区位的角度来衡量产业转移，如傅京燕（2006）使用生产比例指标考察了环境成本对我国东部地区向西部地区产业转移的影响，初步验证了PHH。彭文斌和陈蓓（2014）利用因子分析法证明了正式环境规制是影响我国污染密集型企业空间演变的重要因素，而非正式环境规制的影响相对较小。

其次，也有一些学者从区际贸易的角度进行研究，如傅帅雄和张可云（2011）采用地区与产业特征双维度的经典贸易模型，证实了污染密集型产业会从环境规制强的省份向环境规制弱的省份转移，验证了PHH。张友国（2015）基于投入产出模型实证分析了碳排放视角下中国省际和四大地区层面的区域间贸易模式，结果表明PHH和H–O理论各自能部分地解释中国的区域间贸易，将两者结合起来就能够很好地揭示中国的区域间贸易。

再次，还有一些学者从资本转移的角度进行研究，如魏玮和毕超（2011）构建了一个解释PHH的理论模型，并用2004—2008年新创立企业的面板数据，证实了中国产业区际转移中存在着"污染避难所效应"。田馨予和雷平（2016）基于73个重点城市的企业数量也证实了区域环境规制对企业区位决策会形成负面影响。当然，也有一部分研究发现环境规制并不是污染密集型产业区域转移的影响因素，由于污染密集型产业对技术、资源、市场等要素的依赖，环境规制并不是促使其发生转移的重要力量，而只是产业份额调节的中坚力量。

（二）技术创新水平与污染产业转移

1."波特假说"的含义

虽然部分实证研究证实了PHH的存在，但仍有大量实证研究对PHH提出了质疑。其中，最有影响力的观点就是"波特假说"。20世纪90年代初期，哈佛大学的波特及其合作者认为，恰当的环境管理可以激励企业开发和采纳生态创新，从而为本国企业建立起绿色市场上的竞争优势，被称为

"波特假说"。理由包括:(1)环境管制会使企业认识到资源利用缺乏效率,并指明可能的技术改进方向;(2)环境管制能够提高企业环保意识;(3)环境管制通过给企业增加成本压力而刺激其创新和发展;(4)环境管制能够改变传统的竞争环境,使企业意识到生态创新的经济效益。

其作用过程包括两个阶段:第一阶段,环境规制的提高刺激企业开展生态创新。大多数研究表明,环境管制是生态创新的决定性因素之一,与一般创新活动相比,环境管制能够大大影响或支持企业的生态创新活动。这种创新活动能够在一定程度上抵消前期的成本上涨,但尚不能够以竞争优势的形式显性地表现出来。第二阶段,企业的生态创新能够演变为竞争优势。如果这种生态创新活动能够抵消前期环境规制提高所导致的生产成本增加,则最终表现为对企业竞争力的显著提升,此时该地区这种产业的规模扩张,从而表现出承接更多的产业转移。根据表现阶段的不同,可以将第一个阶段称为"弱波特假说",第二个阶段称为"强波特假说"(见图2-7)。

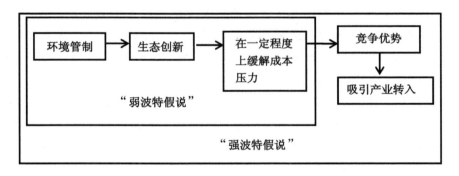

图2-7　产业转移视角下的"弱波特假说"与"强波特假说"

2.对"波特假说"的验证

大部分实证研究都证实了环境规制确实能够刺激生态创新的发生,主要观点有:(1)环境管制的类型不同对企业创新的刺激存在差异。例如,欧盟IMPRESS项目(The Impact of Clean Production on Employment in Europe-An Analysis using Surveys and Case Studies)研究认为,随着政策的变化,生态创新类别也会发生变化。当政策强调对污染排放的控制时,生态创新侧重于最终处理过程技术;而当政策转为强调污染的防范时,生态创新重心也随之转为清洁技术。（2）环境管制调控的效果取决于环境管制工具及其执行力度。如Oltra（2008）提出，管制的设计是可能会影响企业创新反映的一个关键因素，尤其是当考虑到其严谨性、灵活性和限制的不确定性；Frondel 等（2007）基于OECD实证研究，认为政策的严格性和执法情况会决定企业生态创新决策。

但在环境规制能否通过刺激技术创新而提升企业的竞争优势方面，现有研究结论则存在巨大分歧。一部分学者认为环境规制与企业竞争力呈现正相关关系，比如通过污染防治提高资源利用率取得成本领先优势，或者通过生产绿色产品取得差异化优势从而获得高额的市场回报等。Klassen和Mclaughlin（1996）研究发现，企业环境绩效能够影响投资人对企业未来经济绩效的预期，并通过股票价格反映出来，因此企业环境绩效与经济绩效之间存在正相关关系；Orlitzky等（2003）以及Margolis和Walsh（2003）采用元分析法研究表明企业环境绩效与经济绩效呈现显著的弱相关性。而另一部分学者则认为二者并不存在显著相关关系或者负相关关系。Walley和Whitehead（1994）认为有经济效益的环境改进活动早已在市场中自动实现，而不需要借助政府政策的外力推动；Stanwick和Stanwick（1998）通过对多个行业120多家企业的研究发现，企业的经济绩效与排污总量之间存在显著正相关关系，因此可认为经济绩效与环境绩效是负相关关系。事实上，企业竞争力的影响因素除了环境规制之外，还包括需求因素、要素条件、相关及支撑产业、行业竞争及创新环境（教育、技术、知识产权保护机制等）。沈能和刘凤朝（2012）利用我国1992—2009年的面板数据分别从全国和地方层面进行研究，发现环境规制对技术创新的促进作用存在地区差异，"波特假说"在较落后的中西部地区难以支持，而在较发达的东部地区则得到了很好的支持。张成等（2015）以工业部门18个行业1996—2011年的面板数据为样本，使用面板门槛技术的研究发现，废气、废水和固废三种环境规制强度变化率对生产技术进步变化率的影响均存在两个门槛效应，只有适度的环境规制强度变化才能引致理想的生产技术进步变化。综上所述，即使是相同的环境规制政策，对于不同基础条件的地区也可能表现出不同的创新效应和经济绩效。

一些学者用"波特假说"来解释环境规制对污染产业转移的影响，提出了与PHH截然相反的观点。环境规制水平的提高能够刺激企业的技术创新，从而在一定程度上产生对前期较高的环境规制所付出的成本增加起到"补偿效应"，即"弱波特假说"。而如果这种补偿效应能够显著地转化为竞争优势，则可能会吸引更多的污染产业投资，即"强波特假说"。可能的路径有：（1）环境规制的提高会通过"淘汰机制"优化产业竞争环境，从而为优质企业扩大生产、实现规模效应提供有利的机会；（2）发达地区的企业具有更高的环保技术，更易于消化环境规制提高所带来的成本压力，相对于东道国企业来讲，环境规制的提高对前者更为有利；（3）环境规制的提高会刺激企业创新，技术创新通过"外溢效应"提高该地区的产业竞争力，从而吸引更多的投资。

实证研究中，大多数研究证实了污染产业转移中的"弱波特效应"。在国际产业转移方面，Hanna（2004）研究了美国《清洁空气法案》修正案对美国跨国公司OFDI（对外直接投资）的影响，发现《清洁空气法案》修正案的实施导致了美国企业对外总投资的增加，但这些企业对发展中国家的投资份额并没有显著增加。陆旸（2009）基于H-O-V模型以多个国家为样本，发现污染密集型产品具有传统的要素禀赋特征，环境规制并没有降低五类污染密集型产品的比较优势。也就是说，以牺牲环境为代价并不能使发展中国家获得污染密集型产品的竞争优势。而在中国吸收FDI方面，赵细康（2003）发现中国的IFDI并未呈现出显著的污染产业转入倾向，虽然有部分污染产业转移到中国，但这部分产业转移并非主要是为了规避环境管制。陈红蕾和陈秋锋（2006）利用1999—2002年的数据建立FDI区位选择模型，发现我国的环境政策强度对IFDI的流入区位影响很小。在更深入的研究中，一些学者也提出了有益的结论。（1）"波特效应"的产生具有产业异质性。Eskeland和Harrison（2003）基于墨西哥、委内瑞拉等四个国家的投资情况，发现一些证据表明外商投资集中于高污染行业，但这种证据比较微弱，且外资企业比东道国企业能效更高。Derke（2009）实证研究发现全球排名前20名和后20名的跨国企业中投资与环境规制的关系，表明无显著关系；但如果考虑行业细分，"自由（footloose）"产业，如电子和电器制造业，受政策影响较少，"肮脏（dirtiest）"产业，如采矿、化学和钢铁产业，则影响更大。Dawn（2013）认为，各国的环境规制政策不能一概而论，需要针对具体的产业区别对待。（2）"波特效应"可能表现为对贸易模式的影响。Managi（2009）指出环境规制是保护国内产业的一种方式，会影响到一国的贸易流向；两个环境规制都严格的国家容易产生更大的贸易量，而两个环境规制都松散的国家也更容易发生贸易，但贸易额和贸易积极影响都小于前者（Wu，2012）。高静和刘国光（2014）认为环境规制的差异变大不仅加大了发展中国家对发达国家污染品的出口，同时也加大了后者对前者的污染品出口，尽管后者远小于前者，也就是说"污染天堂假说"无法证实。此外，环境规制不但可以影响贸易投资的流向，还能够影响贸易模式——两国人均GDP差异越小、环境规制差异越小，则两国污染品的产业内贸易份额越高。另外，还提出区域内自由贸易的发展会带来环境规制的某种趋同。（3）"波特效应"的发挥与环境规制的强度水平密切相关。傅京燕（2012）认为环境规制在越过某一门槛值后，其"补偿效应"不能抵消企业环境成本的上升，在降低其国内竞争力水平的同时也会影响企业的出口比较优势和出口竞争力。

2.2.3 环境规制工具与污染产业转移

目前关于不同环境规制工具的研究大多聚焦于对污染物排放的影响（李建军、刘元生，2015），对经济变量影响的研究则相对较少。事实上，环境规制作为一种生产要素进入企业的生产函数，不仅会影响到作为非期望产出的污染物排放，还会影响到企业的经济效益，从而改变了企业的生产经营行为。现实中，可供选择的环境规制工具有很多种，想要切实发挥环境规制对绿色经济发展和结构转型的影响作用，就必须选择恰当的、有针对性的政策工具。

就环境规制的分类标准来看，现有的实证分析中大体分为三类：（1）按照政策实施机制，可分为正式环境规制和非正式环境规制（自愿、参与型规制），其中前者又可细分为命令控制型和经济激励型（彭星、李斌，2016；原毅军、谢荣辉，2014）；（2）按照污染物种类，可分为废气治理费用、废水治理费用等（徐开军、原毅军，2014）；（3）按照经济效益不同，可分为费用型环境规制和投资型环境规制（张平等，2016；原毅军、谢荣辉，2016），按照资金用途投资型环境规制，又可分为城镇环境基础设施建设、老工业源治理投资和建设项目"三同时"投资。不论是研究环境规制对经济增长的影响（原毅军、刘柳，2013），还是对产业结构调整的影响（徐开军、原毅军，2014；原毅军、谢荣辉，2014），研究结论大多认为不同的环境规制工具对经济变量的影响是有差异的，只有选择合适的环境规制工具才能够达到理想的政策效果。

现有文献关于不同环境规制工具对企业生产区位选择影响的研究，多集中在对企业创新能力（生产效率）方面。张江雪等（2015）认为行政型和市场型环境规制对工业绿色增长的作用显著，而公众参与型环境规制的作用则非常有限；占佳和李秀香（2015）认为命令控制型规制工具对技术创新的影响不显著，市场激励型规制工具在短期内会抑制技术创新，但这种抑制效果逐渐减弱并转而促进技术创新，而公众参与型规制工具对技术创新能起到立竿见影的效果，但长期来看这种促进效应不显著甚至会抑制创新；张平等（2016）认为费用型环境规制产生了"挤出效应"，不能促进企业进行技术创新，而投资型环境规制则产生了"激励效应"，支持了"波特假说"，尤其是城市环境基础设施投资对企业技术创新的促进作用最为显著，建设项目"三同时"的作用则难以确定，而工业污染源治理投资却抑制了企业的技术创新。由此可见，在有限的文献中，关于不同环境规制工具对企业生产区位的影响结论是莫衷一是的。

还有一些学者针对不同区域展开研究，大多认为创新效应在经济发达地区更为显著。如彭星和李斌（2016）认为经济激励型环境规制与自愿意识型环境规制的增强可显著提高绿色技术创新水平，这种促进作用在东部地区非常显著，但在中西部地区则并不明显；高永祥（2015）认为投资型环境规制显著优于费用型环境规制，最终表现出对东部地区经济增长的显著推动作用；臧传琴和张菡（2015）认为东部地区环境规制对技术创新的促进作用明显，而中西部地区的正面效应则不明显，甚至出现了负效应；胡德宝和贺学强（2015）认为环境规制对不同区域污染治理的效果不同，东部最明显，其次为中部和西部。

而在不同环境规制工具对污染产业空间转移的影响方面，现有文献非常有限，且研究不够深入。如彭文斌等（2014）认为政府环境规制对污染产业空间演变的影响方向与非政府环境规制的影响方向基本相同，但平均影响效应要强于非政府环境规制。

三、环境规制的评价及影响

（一）环境规制强度的度量方法

现有文献中，大多数学者关注了正式环境规制的度量指标，近年来也有部分学者提出了非正式环境规制的概念。

1.正式环境规制强度的度量

环境规制的衡量在环境规制相关实证研究中是一个重要的环节。在以往的文献中，对环境规制强度的衡量一直是一个困难且复杂的问题，时至今日仍无法用一个准确的方法或指标衡量环境规制强度。这一方面是因为环境规制概念的维度比较多，既有从环境治理的成本角度进行测量的，也有从环境治理的结果角度进行测量的，还有从环境治理的方法角度进行测量的；另一方面是因为环境规制的实施依赖于地方政府的意愿、政策执行力度、地区经济发展水平和环境污染现状等。因此，即使一个国家制定统一的规制政策，不同地区的实施强度也可能存在差异。

由于实际污染数据缺乏，因此许多学者在实证分析中使用构建的指标来衡量环境规制水平。Tobey（1990）较早使用定量指数衡量环境规制严格度，使用投入型指标将研究对象国家从1（严格）到7（宽松）排序；Beers 和 Bergh（1997）使用产出型指标衡量环境规制强度，把环境规制指标在0（弱环境政策）和1（严格环境政策）之间排序；Xu（2000）使用世界银行的数据构建基于四个环境指标（空气、水、陆地和生物资源）的综合指标，作为环境规制强度的指标。近年来，实证研究开始使用产业增加值中污染减排成本的比重来衡量环境规制强度。Ederington和Miner（2003）采用PAOC（减污运营成本）与总直接成本的比例以及PAOC与总物质成本的比例来衡量环境规制。Cole 和 Elliott（2003）以及 Levonson 和 Taylor（2008）采用PAOC与增加值的比例来衡量环境规制。

现有的衡量指标可汇总为表2–3。

表2-3　现有文献中环境规制的衡量指标

指标性质	指标名称	计算方法	代表文献
单一指标	污染治理成本　行业治污成本	行业治污投资占行业总成本或总产值的比重	Laoie等（2008）、沈能（2012）、Berman和Bui（2001）、Lanoi等（2008）、张成等（2011）
	污染治理费用	工业污染治理项目完成投资额、三废排放治理支出、治理污染设施运行的费用等	赵红（2007）、张成等（2010）
	排污费征收	单位污染物的排污费征收额、工业总成本中排污费所占份额、工业利润中排污费份额	李胜文（2013）
	污染治理效果　污染排放量变化	工业二氧化硫的去除量占总生产量的比例，即环境规制力度指数=[工业二氧化硫去除量/（排放量+去除量）]×100%	张成等（2010）、王询（2011）、张学刚和王玉婧（2010）、Sancho等（2000）、Domazlicky和Weber（2004）
	污染排放量增量	污染排放量或单位污染排放强度的变化值	Domazlicky和Weber（2004）、张文彬等（2010）
	污染排放达标量	各地区污染排放达标量占该地区污水排放比重	江珂（2010）
	治理政策　政府监督	环境规制机构对企业排污的检查和监督次数	Brunnemeier和Cohen（2003）
	法规规章	各地方政府颁布的环境保护规章或标准数量	李永友（2008）
替代性指标	经济发展水平	人均收入水平	陆旸（2009）
	能源消耗强度	单位GDP的能源消耗	傅京燕（2009）
	综合指数	各国环境政策、环境立法、环境执行等信息	Dasgupta等（1999）
		能源效率、每十亿美元GDP获得ISO14001证书的企业数、每百万人口中非政府组织成员数	Kheder（2006）
		采用空气、水、土地及生物资源四个方面的绩效构建综合性指标	世界银行（2012）
		构建中国正式环境规制强度的综合测量体系	傅京燕和李丽莎（2010）、李玲和陶峰（2012）、原毅军和谢荣辉（2014）

以上度量正式环境规制强度的指标各有利弊。（1）单一指标衡量环境规制强度的优点在于其数据具有客观直观性，且历年的环境数据容易获得；但其缺点也是显而易见的，该方法无法全面衡量多种环境规制手段的实施效果，也无法衡量多种污染物的控制水平。（2）替代性指标的优点是较容易获得时间连续数据，利于采用面板数据或时间序列数时进行实证分析；其缺点在于选取的替代变量多属于内生环境规制变量，容易导致估计出现偏误。（3）用综合指标衡量环境规制强度可以使得研究结果更具现实意义，但指标的连续性数据不易获得。综上所述，应当根据具体问题和数据的可得性来做出相应的选择。

2.非正式环境规制强度的度量

国外不少学者对非正式环境规制展开了研究。Pargal和Wheeler（1995）最早提出非正式规制的概念，认为当政府实施的正式环境规制缺失或强度较弱时，一些民间团体为了自身的利益而追求较高环境质量，会对污染企业施加各种压力以促使污染减排的实现。Kathuria和Sterner（2006）指出除了正式环境规制外还有许多其他的非正式规制手段可以影响污染厂商的治污行为，因为污染厂商对其社会声誉以及由于污染事故而可能引致的未来成本上涨会非常敏感。Kathuria（2007）认为正式环境规制在发展中国家的污染治理中存在着无法避免的局限性，特别是对于中小企业污染行为的管制。

非正式规制强度越高，表明公众的环保意识越强，对高质量生存环境的偏好就更强烈。同时，环保组织更加活跃，具有更大的势力和影响力。通过协商或游说对污染厂商施加影响，或者通过媒体曝光、环境评级、对污染厂商的产品进行抵制等手段影响厂商的信誉和公众形象，从而对污染厂商的行为选择产生影响。

随着我国环保意识的觉醒，中国公众开始运用非正式规制手段来维护自身的环境利益，如环境事件的媒体曝光率显著增加，公众通过游行、游说等方式阻止污染厂商进驻的环保行为越来越多，非正式规制的污染管制效应和经济效应在中国初步显现。但与发达国家相比，中国的非正式规制强度仍然偏低，并存在诸多问题，如：（1）主要依赖媒体曝光，非正式规制手段单一。媒体曝光具有较强的随机性，且仅对恶性污染事件有效。（2）非政府环保组织数量仍然较少，且规模较小，影响力有限，（3）公众参与环境监督及相关保障的制度尚不完善，政府相关机构的信息反馈机制尚未建立，公众对环境诉求的表达顾虑重重，缺乏向政府当局施压的有效渠道。与此同时，国内一些学者也开始关注非正式环境规制。傅京燕（2009）认为在发展中国家，公众通过谈判或者游说的非正式规制的环保效应更为明显。赵玉民等（2009）认为，由于环保意识具备环境规制的本质特征（即约束性），据此将环境规制分为显性规制和隐性规制两类，后者包括内在于个体的、无形的环保思想、环保观念、环保意识、环保态度和环保认知等。

但由于我国缺乏直接测度非正式强度的相关数据库，且国内学者尚未对非正式规制给予足够重视，相关文献多限于概念界定或理论介绍。近几年来，部分学者尝试采用一些指标来量化非正式环境规制。如徐圆（2014）以互联网上民众对环境的关注度和公开媒体对环境污染事件的报道量来衡量公众参与型环境规制工具的强度，但这一指标却有待商榷，原因之一是互联网的地理分布并不均衡、年龄受众多集中在年轻人群体，存在一定的局限性；其二是由于网络的虚拟性特征，其信息的真实性难以识别，以此为基础收集的指标有可能失真。再如张江雪等（2015）、占佳和李秀香（2015）采用环境信访量作为衡量指标。由于存在公民参与能力和水平差异、政府体制可参与性限制等约束，公众可以参与的环境规制形式有限，仅有环境信访、环境投诉等方面。由于环境起诉等每年发生的次数较少，数据不够稳定，随机性较强，而21世纪初至今我国已经建立起较为完善的环境信访制度，民众可以通过信访来表达自己的环境诉求，并且《中国环境统计年鉴》中定期公布环境信访数量和来访人次，可见这类数据是正式、严肃、可信的。

2.3.2　环境规制的实施效果评价

面对日益严峻的环境污染态势，各国政府都在积极努力地开展环境规制，并试图在全球范围内达成环境治理的共识。作为人类历史上第一个限制温室气体排放的国际性法律文件——《京都议定书》（Kyoto Protocl），其签订标志着全球气候治理的新阶段。虽然已有研究发现该协议的诞生显著减少了7%–8%的二氧化碳排放量（Aichele和Felbermayr，2012；Felbermayr，2013；Grunewald和Martines，2016），但不可否认的是，对于该协议是否真正迫使发达国家减少了碳排放的质疑仍旧存在。Almer和Winkler（2017）使用合成控制方法对《京都议定书》的减排效果予以重新评估，发现发达国家并没有因此而减少碳排放，甚至有些国家排放了更多的二氧化碳。

但另一方面，国家独立进行的环境治理取得了令人欣慰的效果。将环境规制分为两类：以政府强制政策为代表的行政命令式环境规制手段和以市场激励为主导的环境规制手段。对于前者，由于政府行政命令的强制性以及有力的监督，总体上能够实现预期的环境效果。Shapori和Walker（2018）发现隐形污染税（Implicit Tax）使得企业在产出和降污减排之间的抉择更加理性，环境规制政策使得美国制造业污染下降约75%。而Tanaka（2015）以中国1998年两控区政策（Two Control Zone Policy）的实施证明了环境治理能够显著提高居民的健康水平、降低婴幼儿死亡率。王兵等（2017）基于广东东莞政府为解决环境问题而设立的环保基地展开分析，从时间和空间的双重角度下考察了该规制所带来的环境效益，结果表明环保基地的设立有效地减少了企业工业废物、COD（化学需氧量）和氮氧气体等的排放；该政策不仅有利于提高辖区内企业的环保水平，还对辖区外的企业具有明显的"辐射效应"。

当大部分研究者在着力探讨政府强制性环境规制的作用效果时，一些学者转变研究思路开始研究市场激励下的环境治理措施。Fowlie等（2012）将目光集聚在美国加州南部的"区域清洁空气激励市场（Regional Clean Air Incentive Market，RECLAIM）"项目，该项目主要是通过管理局对辖区内的硫氧化物和氮氧化物总量控制限额，并向规制企业给予一定的排污许可额度，企业将自主选择减排或是购买排污许可额度的方式来实现最优成本收益并达到减排的目标。这种完全依靠市场激励的方式来解决环境问题的方法，使得1990—2005年NOx（氮氧化合物）的排放量降低20%，并且这种减排效果在收入差异和种族差异地区并不存在显著的异质性。对于世界上最大的碳排放国，中国"碳排放交易试点"政策的实施具有重要的意义，是中国政府致力于以市场手段来解决碳排放问题的初步探索。Zhang等（2017）基于中国2000—2013年省级面板数据，使用PSM-DID方法考察了碳排放交易试点政策的实施对碳排放的影响，结果表明尽管该政策执行时间比较短且市场机制不完善，但对环境质量的改善作用已经凸显，有效地减少了碳排放，但该作用存在着滞后效应。

究竟是市场化的环境治理手段更好，还是政府行政命令的方式更强？这是一个困扰着学术研究者与政府决策者的重要议题，至今仍未取得被广泛认可的定论，更多是因为这两种环境治理方式所实施的地区差异造成了政策效果的差异。Harrison等（2015）以印度作为考察对象，使用DID（双重差分法）方法评估了上述两种方式的环境治理效果。之所以选择印度，是因为印度为治理严重的环境污染问题出台了一系列的环境规制政策，如1996年最高法院出台议案要求地方政府在8年内对所辖区域内的企业完成污染规划：关闭或搬迁污染性企业、安装减排设备等。而印度各地区煤炭储存量与供给政策的差异使得地方煤炭价格及消费量不同。很明显，前者属于行政命令规制，而后者可归入市场激励规制。同时，由于印度整体制度环境较差且考察期间并没有征收碳税，这些因素为评估两种规制手段提供了天然的条件。结果表明，市场激励下的高碳价迫使小企业退出市场的同时，也显著降低了企业对煤炭的使用量以及污染排放量；相反，行政命令规制对企业采用减排设备或煤炭使用量的影响较小。可见，究竟哪种环境规制政策有效与当地的区域特征密切相关。

随着环境问题的日益突出，公众的环保意识不断提高，环境治理过程中的冲突正在成为政府所面临的严峻问题，这一切的发生为环境治理的第三方监督和发展提供了机遇。Duflo等（2013）在印度以田野调查的方式进行了研究，发现尽管第三方监督有助于降低环境污染，但第三方审计中也不可避免地存在着造假现象；而Li等（2018）从中国环境污染的现实出发，以第三方非营利组织机构的环境信息公示作为环境污染的约束来考察其对环境质量的影响，结果发现信息公示有效地减少了地区污染物的排放；并且该治理效果存在明显的地区异质性，在东部地区与中部地区的效果要强于西部地区。可见，第三方公众监督的环境治理模式为政府改善环境治理提供了新方式、开拓了新思路。

（三）外部性理论

外部性理论是经济学理论体系中的重要组成部分。外部性也称为外部效应、外部成本或溢出效应，其包含正外部性和负外部性两种情形，前者和后者分别被称为外部经济和外部不经济。

外部性理论的提出者——新古典经济学派的代表人物Marshall（1890）

在《经济学原理》一书中提出了"外部经济"的概念，即由市场容量大小、运输便利程度等企业外部的各种因素所造成的生产费用的减少。Samuelson（1954）等人研究认为外部性是指特定的生产和消费对其他主体强征了不可补偿的成本或给予了无须补偿的收益。Randall（1972）则认为外部性是一种低效率现象，当某种活动的收益或成本不在决策者的考虑范围内，这种收益或成本便被强行加给了其他的人。从上述的这些定义可以看出，学者们对于外部性的定义主要存在两个角度，即外部性的产生主体和外部性的接受主体。外部性主要体现了某个经济主体的活动对其他主体产生了额外的影响，而这种影响无须或无法通过市场机制进行买卖或补偿。其存在两个特征：第一，经济主体的活动对其他主体产生影响；第二，这种影响具有非市场化的特征，即无法通过市场机制进行反映，市场机制无法产生有效的传递信号作用，以及产生资源配置的无效率现象。当然，这种非市场化的影响包括正外部性和负外部性两个方面。前者也称外部经济，是指该经济活动对其他主体产生有利影响，在给其他主体带来收益的同时，没有向对方收取报酬；后者也称外部不经济，是指该经济活动对其他主体产生不利影响，在给其他主体带来损害的同时，没有向该主体支付报酬或进行补偿。

就外部性理论的发展来说，Marshall（1890）从外部经济的角度对影响企业成本变化的因素进行了分析，并提出了外部经济和内部经济两个概念。其中，外部经济是指外部整个产业的发展能够带来企业内部生产成本的降低，如产业发展所带来的运输体系的变化、产业技术水平的提升、供应链的完善等；而内部经济是指企业内部因素变化所导致企业的生产经营成本降低，这种内部因素包含生产规模扩大所带来的边际成本降低、企业技术水平提升和经营管理水平的提升等。Marshall的外部经济概念为后期外部性理论的发展提供了坚实的基础。Pigou（1920）从福利经济学和边际概念（边际社会成本、边际私人成本、边际社会纯收益和边际私人纯收益等）的角度对外部性问题进行了研究，他在Marshall"外部经济"的基础上提出了"外部不经济"概念，将外部性问题的研究从外部因素对企业的影响发展到了企业或个体对其他企业或个体产生的影响。Pigou认为正外部性（或"外部经济"）是指如果经济主体的行为对他人产生了收益，此时边际外部收益是边际社会收益与边际私人收益的差额；而负外部性（或"外部不经济"）是指当经济主体没有完全承担其经济行为对他人所产生损害成本时，边际外部成本可以表示为边际私人成本减去边际社会成本。从社会福利的角度来说，外部性导致资源配置效率降低，产生"市场失灵"，这就需要政府的外部干预来纠正外部性所造成的"市场失灵"以实现帕累托最优配置。Pigou认为，对于负外部性，需要政府向源头企业征税，将这些外部成本进行内部化，被称为"庇古税"；而对于正外部性，政府则需要对源头企业进行奖励或补贴，以实现社会所需的最优产量。

新制度经济学理论的奠基人Coase（1960）在《社会成本问题》一文中对"庇古税"问题进行了再次的拓展和研究。Coase认为外部性问题产生的原因在于产权不清晰和交易成本较高，如果产权明晰，且交易成本较低，即使存在外部性问题也无须政府的外部干预，交易双方的讨价还价也能够实现帕累托最优配置。无论初始状态下产权赋予哪一方，如果交易成本为零，双方的交易和谈判能够实现资源的优化配置，而无须征收"庇古税"；如果存在交易成本，政府的干预措施会影响资源配置效率和社会福利。因此，在现实经济中，由于交易成本等因素广泛存在，经济主体之间的谈判和协商无法解决外部性问题，此时政府的外部干预和政策成为消除外部性的重要手段。

（四）地方官员晋升激励与环境治理行为

对于地方政府而言，辖区内的经济效益与政策制度安排受到官员行为及任期的限制（List and Daniel，2006；Ferreira and gyourko，2009）。中国特殊的政治管理体制是出现中国经济发展奇迹的原因之一，尤其是官员晋升考核体制逐渐由"政治绩效"转变为"经济绩效"后，地方政府官员围绕辖区内GDP的增长展开了"政治锦标赛"竞争（周黎安，2007），形成了具有中国特色的地方"诸侯经济"格局，推动了地区经济的快速崛起。但是，这种模式在以经济增长发挥重要作用的同时，也产生了一些弊端（Xu，2011），其中就包括环境污染问题。

在以GDP为核心的绩效考核下，地方政府为了短期内促进经济增长而选择给予辖区内企业以各种资源和政策优惠，甚至以资源破坏和环境污染为筹码（于文超、何勤英，2013）、以环境为代价来实现经济增长，同时也提高了地方官员的升迁概率。这一基本逻辑已被Jia（2012）通过严密的理论模型予以解释并采用中国数据进行检验，结果表明地方政府官员出于晋升概率的考虑，往往选择投资"污染型技术"而舍弃"清洁型技术"，实现经济短期内的快速增长并造成环境的污染。围绕官员晋升与环境污染关系的研究结论基本上是统一的，官员晋升带来了辖区内的环境污染（Wu et al.，2014；孔樊成，2017；谭志雄等，2018）。之所以产生环境污染问题，关键在于晋升激励下地方政府行为的扭曲，具体的影响路径可能包括以下几个方面：一是以经济增长为目标的考核绩效下，地方政府将一切资源尽可能地投入使用来促进经济增长（王贤彬等，2009），而忽略了环境治理等公共设施的建设（Li and Zhou，2005）；二是由于金融的发展与环境之间存在着紧密的联系（Sadorsky，2010；Zhang，2011；严成樑，2016），在环境规制弱化的情况下，金融行业将促进污染密集型行业的发展（He et al.，2017），并且地方政府急功近利，常主动以金融作为中介来干预资金流向、建立政绩工程（钱先航等，2011；纪志宏等，2014）；三是为了弥补财政困境，地方政府将更多的金融补贴给予短期高产出的污染密集型行业，以此来增加税收（谢罗奇等，2018）；四是就业压力的存在使得地方政府借助金融来扶持劳动密集型产业，但由于其技术含量较低、污染设备不达标以及大量的污染排放等特征可能会加剧环境污染（阚大学、吕连菊，2016）；五是当环境治理的改善并不能很好地提升地方官员进行的概率时，地方政府将非常理性地使用手中所掌握的资源去吸引污染密集型行业，通过出让土地等方式来实现辖区内经济的快速增长。综上可以看出，地方官员的晋升激励在带动经济增长的同时，可能会造成地区环境污染问题。

随着公众对环境治理需求的提升，绿色目标开始被纳入地方政府官员的绩效评估和晋升标准。"十一五"以来，国家开始通过应用"节能减排目标责任制（TRS）"来发挥地方政府治理环境的积极性，Zheng等（2014）对这一考核机制所带来的环境效益给予分析，结果发现在面临更多公众对改善环境的需求压力下，地方政府将更加努力来改善辖区内的环境污染，并且这一举措将提高官员的晋升概率。但对于环境考核的实施效果，众多学者持怀疑态度。一方面，环境考核并不容易量化，并且环境治理的效果在短期内难以呈现，加之官员任期内所产生政治周期的存在，使得该长效机制受限（郑思齐等，2013）；另一方面，地方政府不仅受仕途晋升的激励而且还受经济利益的诱惑，倾向与辖区内污染密集型企业合谋（刘华军、刘传明，2017），主动弱化环境规制标准，默许企业排污并为其提供庇护，进而增加污染排放（梁平汉、高楠，2014；郭峰、石庆玲，2017）。可见，将环境考核绩效纳入官员晋升考核体系是否能达到预期的效果尚存在质疑。

（五）环境规制影响企业行为的微观机理

在微观层面，环境规制对企业行为的影响研究主要集中在"遵循成本说"和"生产率提高说"两大类。

"遵循成本说"认为，环境规制提高了企业生产成本，不会对经济体的生产绩效和经济增长起到促进作用，甚至会产生抑制效应。Siegel（1979）认为，环境规制会对产出增长起到抑制作用；Christainsen和Havemen（1981）研究发现，环境规制的抑制效应能够解释0.27%的劳动效率，同时能抑制0.5%的生产水平，并且该抑制作用也具有时间异质性；Lofgren等（2013）在针对瑞典企业的调查中发现，二氧化碳排放规制不会对企业的生产性行为和经济利润造成显著影响。

"生产率提高说"认为，环境规制在一定程度上能够激励创新行为与生产率水平，抵消成本增加的制约，从而促进经济增长。这一假说起源于"诱导创新性假设"，即随着生产要素相对价格的提升，该要素的资源稀缺所带来的对经济增长的制约，会被其他要素替代造成生产率的提升所抵消。Porter（1991）根据该观点提出了"Porter假说"，认为环境规制造成相对要素价格上升提高了生产成本，会被由规制带来的生产率提高与经济增长所替代；Gray和Shadbegia（1998）通过普查数据发现，严格的环保法规能够促进企业的生产性投资；而Mazzanti和Zoboli（2009）对意大利环境规制效率和劳动生产率的考察中发现，环境规制政策能够提高企业生产率进而提高经济效益；Feng等（2017）的研究发现，环境规制能够提高企业的绿色创新能力。

回顾现有文献，在环境规制对企业行为的微观作用机理方面，上述两种对立的观点持续存在，并没有得到统一的结论。可能的原因之一是，在大多数的研究中，研究者主要是通过企业调查或案例（Rogge et al，2011；Lofgren et al，2013）和针对企业生产率考察（Jaffe et al.，1995；Dean et al，2000；张成等，2011）的形式进行分析。研究者往往将目光集中于环境规制对企业个体层面的经济绩效影响上，通过企业利润、生产方式、产能结构与创新行为等方面来考察环境政策对企业层面的影响，偏好于观察环境规制之中的企业行为，而没有考虑到环境规制对企业影响存在着溢出效应。因此，本书认为仅从企业经济绩效视角进行探讨并不能反映环境规制政策的宏观性指向作用和针对整体经济状况的实际效应影响，应当以微观企业行为为基础，从区域层面和产业层面进行中观视角的分析和拓展。

四、本章小结

通过文献梳理，本书认为现有文献存在以下四个缺陷：（1）从理论层面上来看，由于现有文献对于产业转移的本质缺乏统一认识，导致研究对象出现偏差。有些文献仅从过程视角研究环境规制对污染产业投资区位的影响，有些文献仅从结果视角研究环境规制对污染产业区域贸易的影响。这种将二者相互隔离的做法，在一定程度造成了对PHH的观点分歧。（2）没有考虑相邻地域之间的空间相关性，导致估计参数产生偏差。地理学第一定律说明，相邻区域之间存在着相互影响，尤其是对于中国国内各个省区之间，这种联系更为密切。由于大多数文献将研究国际产业转移的方法应用于研究国内产业转移，采用的是传统的计量方法，忽略了相邻省（区）在经济、文化等方面的紧密联系，这会影响到估计参数的准确性和可靠性，使研究结论出现偏差。（3）多基于单边环境规制来进行实证检验，较少考虑双边因素的影响。在研究PHH或者"波特假说"的文献中，大多仅考虑了单边环境规制及其他因素对污染产业转移的影响。而由传统贸易理论可知，贸易流量和贸易模式是由贸易双方的禀赋特征所共同决定的，忽略任何一方所得出的研究结论都可能是不准确的。本书的研究也发现，在污染产业区域转移的过程当中，双边因素都起着至关重要的影响。（4）关于环境规制对污染产业投资区位选择影响的文献虽多，但环境规制指标过于笼统，缺少对环境规制工具的细分研究，不利于环境政策的落地实施。现有文献中，大多采用单一的指标来衡量环境规制强度，这一方面导致了实证结果出现不一致，另一方面也不利于环境规制政策的实施。基于以上缺陷，本书试图做出以下改进。

第一，从产业转移过程和结果的视角对环境规制影响污染产业投资区位的机理进行理论剖析。首先，在剖析污染产业转移动因和影响因素的基础上，将环境规制影响污染产业区位选择的"综合效应"分解为"成本效应""创新效应"和"集聚效应"，详细讨论了各自的作用机理。然后，以两部门、两地区、两要素的一般均衡模型为基础，沿着"环境规制—资本流动—区际贸易"的思路从理论层面上剖析了环境规制对污染产业区际贸易的影响机制及发生条件。

第二，将空间计量分析方法引入实证研究。首先，使用Arcgis软件对污染产业转移的空间路径进行了可视化处理，使用分位图、Moran's I指数和LISA指数形象地描绘出污染产业区域转移的空间路径，并定量测算出转移过程中存在的空间相关关系。然后，基于SAC的方法，实证分析了环境规制对中国污染投资区位选择的影响。这种方法能够在控制空间自相关性的基础上，更加准确地评估污染投资区位选择的影响因素。具体来说，SAC模型能够将因变量的空间相关性和误差项的空间相关性纳入计量模型之中，从而避免了忽略空间依赖性所产生的估计谬误。因此，这种方法尤其适合于研究中国区域间的产业转移问题。

第三，将双边因素引入污染产业转移的实证分析。本书基于经典的贸易引力模型，实证分析了双边因素对污染产业区际贸易的影响。与之前大部分文献中仅研究单边因素的做法相比，本书的研究揭示了更为重要的意义。除了环境规制这一因素之外，劳动成本、人均资本、技术基础等禀赋因素对污染产业转移都有着显著的影响，而且双边人口、双边经济规模和地理距离也会对污染产业的转移造成影响。这有利于解释中国污染产业区际转移中的黏性特征。

第四，区分了不同类别环境规制工具对污染产业转移的差异化影响。以往研究污染产业转移问题时大多没有区分环境规制工具的种类，而本书的研究发现，不同的环境规制工具对污染产业转移的影响存在显著差异。一般来讲，企业环境成本内部化程度较高的规制工具（如排污费、工业污染源治理投资等）能够刺激企业的创新活动，从而在一定程度上缓解环境规制提高所带来的成本上涨，而政府主导的环保治理工程则对污染产业外移的推动力不足，甚至可能成为吸引这些污染产业转移的原因之一。基于此，本书的研究有助于为政府选择恰当的环境规制工具提供有价值的参考。

第三章　环境规制对污染产业转移的影响机理

一、污染产业转移中的资本流动与区际贸易

（一）污染产业转移中的资本流动

1.污染产业投资区位的影响因素

影响污染产业区位选择的因素可以大体分为三类：第一类是自然资源因素，主要是由自然、先天的因素形成的，包括能源、气候等；第二类是经济发展因素，表现为在经济发展过程中逐渐形成的因素，如市场规模、技术基础、收入水平、基础设施状况以及相关产业、支撑产业的发展情况等；第三类是政府政策因素，表现为在一定时期内政府可以控制的税收政策、法律标准、投资优惠等政治因素。

第一类，自然资源因素。某一地区的自然资源禀赋不仅会影响其产业结构，而且对资本的流向会产生重要影响。一般而言，自然资源丰富的地区更容易吸引投资，因为投资者到该地区投资的话可以节约相当一部分获取原材料的运输费用；反之，如果接受投资的地区自然资源匮乏，投资者需要从外地获取资源，会增加生产成本。所以，在自然资源丰富的地区进行投资能够充分利用自然资源的区位优势，降低生产成本。

第二类，经济发展因素。经济发展的水平和经济发展的速度对吸引投资都有着重要影响。经济发展水平较高的地区，基础设施相对完善、配套产业发展均衡、技术基础相对较好，因此有更多、更好的投资机会，尤其适合大规模投资。同时，较高的经济发展水平下居民对环境质量的要求更

高，对环境问题的关注度更高，公众参与型环境壁垒对污染密集型企业的负面影响更为显著；一个地区经济高速增长说明该地区的投资空间较大、投资需求多、投资前景较好，对投资者有着很强的吸引力。经济的快速增长，使得市场需求旺盛、资本周转加速、投资利润率不断提高，逐渐形成一种良性循环。一般来说，高速增长的经济会带来全面的投资机会。

第三类，政府政策因素。环境规制是对污染密集型企业影响较大的政策措施之一，但环境规制对企业生产成本的影响方向尚无法确定。（1）一些环境规制工具能够对污染企业的生产成本产生直接的负面影响。例如，政府通过制定排污标准来规范企业的排污行为，关停、整改等措施都会对企业产生负面影响；对不达标企业征收排污费也会直接增加污染密集型企业的生产成本。（2）一些环境规制工具则有可能通过正外部性对污染企业的生产成本产生正面影响。例如，政府主导的城镇基础设施建设虽然从社会整体角度来看是一种治污投资，但从企业的角度来看，却能够减少自身的治污支出，可以认为其具有一种正的外部性。（3）环境规制对污染企业还会产生间接影响。可能的途径有两个：第一个途径是环境规制与企业创新两个因素的交互效应，环境规制通过刺激企业创新来缓解成本上涨的压力。现实中，这一路径能否实现，一方面与环境规制的种类有关，像由企业主导的工业污染源治理投资等政策工具对企业创新的刺激作用更大；另一方面与刺激强度有关，即最终表现是"强波特效应"还是"弱波特效应"。第二个途径是环境规制与产业集聚两个因素的交互效应，在产业集聚地区环境规制的执行力度可能会更强。一方面，产业集聚地区通常是政府进行污染监控的重点区域，环境规制的执行力度更强；另一方面，产业集聚地区一般也是政府环境治理投资的重点区域。

2.污染产业转移中资本流动的基本原理

根据前文对产业转移概念的界定，可知产业转移过程伴随着一篮子可流动要素的协同转移，其中最重要的是资本和劳动。本书通过观察资本要素流动来研究污染产业的区际转移机理，之所以不选择劳动要素，原因主要有三个：第一，劳动力流动具有选择性，可能使区域差别长期固化。现有研究表明，流动性较高的劳动力大部分都是年轻的、富有活力和技能的劳动力，而年长的简单劳动力流动性受限，这会导致区域差异的长期存在。第二，相对于劳动要素来讲，资本要素对污染产业的影响更为重要。对于大部分重污染型产业，如电力热力生产供应业、黑色金属冶炼及采选业、造纸及纸制品业、有色金属/非金属矿采选业等，在生产过程中都耗费了大量的资本，则其产业转移过程中必然伴随着显著的资本要素流动。第三，资本要素在经济增长中占有中心位置。在经济学的相关研究中，资本要素被赋予相当重要的地位，常常被视作经济增长的发动机，同时资本的空间分布也决定了工作岗位的供给，从而影响着劳动要素的空间流动。

实物形式和货币形式是资本存在的两种形式。前者是指生产出来用于投入再生产的生产资料，如机器、设备、厂房等；后者是为购买生产资料所准备的资金。区际产业转移是由于要素禀赋条件和商品需求条件的消长演化所导致的产业在空间上的重新布局，因此区际产业转移中伴随着三种类型的资本流动：本区域产业内资本积累、本区域产业间资本流动和区域间资本流动。

以两区域、两产业模型为例，区域1内产业 a 资本存量的变动 (K_1^a)，取决于区域内的资本积累 K_{11}^{aa}、区域内产业之间的资本流动［即从产业 b 向产业 a (K_{11}^{ab}) 和产业 a 向产业 b (K_{11}^{ba}) 的资本运动］，以及区域之间的资本流动①［即从区域2向区域1 (K_{21}^a) 和区域1向区域2 (K_{12}^a) 的资本运动］。它们之间的关系可以用如下公式表示：

$$K_1^a = K_{11}^{aa} + (K_{11}^{ba} - K_{11}^{ab}) + (K_{21}^a - K_{12}^a) \tag{3-1}$$

首先，本区域产业内存量资本的变动与总投资和资本折旧两个因素有关（如图3-1所示）。现存的资本存量所生产出来的产品，一部分作为消费品被消费掉，另一部分则作为生产资料被投入下一个生产过程。后者被称为总投资，其中的一部分会被用于补偿原有固定资本存量当中的折旧，以维持现有资本存量得以继续使用。总投资中扣除资本折旧，剩余部分为净投资。如果净投资为正值，则资本存量会相应增加；若为负值，则资本存量会逐渐减少；如果净投资为零，则经济系统处于静态均衡。

---

① $(K_{21}^a - K_{12}^a)$ 既包括产业内的资本流动，也包括产业间的资本流动。

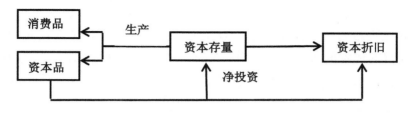

图3-1 本区域产业内资本的变动

其次，就本区域产业间资本流动$(K_{11}^{ba} - K_{11}^{ab})$和区域间资本流动$(K_{21}^{a} - K_{12}^{a})$来看，解释其流动规律是十分复杂的。影响资本要素流动决策的原因，应当观察投资主体的行为，在来源区域和目标区域的投资环境条件以及现存的流动障碍中去寻找。经济学理论常常简单地假设投资者追求的是利润最大化，利润率差异是资本跨空间、跨行业流动的决定性因素，因此资本总是从利润率低的区域（或产业）流向利润率高的区域（或产业）。但事实上，资本作为生产要素，其流动性大小与其存在形式有关。一方面，同土地相联系的实物资本流动性较差，拆除成本、运输成本、新建成本和购入成本等都构成了沉淀成本，均抬高了企业的迁移成本。现实中，企业迁移除了考虑在其他区域或产业是否有更好的机会（如更高的利润率）之外，更多的是由于现有条件难以满足需要所引起的。总之，虽然短期内同土地相联系的实物资本不具有流动性，但从长期来看通过将现有资本逐年提取的折旧转移到其他产业或地区，现存的实物资本还是可能实现转移的。另一方面，新置实物资本和货币资本的流动性较强，但仍然受到一系列因素的限制。经验研究表明，为了继续完成已展开的投资计划，一部分新投资品必须用于现有的生产经营，也就是说，在区域之间机会差别相对较小的情况下，企业仍然会选择在原有的地方投资。此外，区域之间信息传递受限也会阻碍区域之间的资本流动。

由于多种原因，区位决策是复杂而困难的，包含着很大的不确定性。由于一些不可流动因素的存在，如一次性建设的厂房、安装的设备、培训的劳动力以及努力构建的客户网等都可视为不可流动的要素，区位决策在很大程度上说是不可逆的。同时，区位决策必须建立在企业的生命周期基础之上，原则上至少要10~15年，这种长远规划必然包含着很大的不确定性，如生产资料的价格、市场机会、竞争格局的变化、技术工艺的更新换代等在长时期内都很难估测。这就使企业的区位规划出现了矛盾：一方面，区位决策的长远性要求企业对相关的区位因素进行全面彻底的分析，以减少沉淀成本的负面影响；另一方面，企业又不可能掌握完全信息进行精确计算来找到最佳区位，所有这些都促使企业采取干中学的行为方式。

（二）污染产业转移中的区际贸易

1.污染产业转移的动因

污染产业转移源于污染产业的区位选择，表现为主动去寻找新的合适区位，从而达到降低成本、提高效率、增加盈利的目的。随着时间的推移，区位因素的变化会导致比较优势的相对变化，因此污染企业会在不同的时期选择不同的区位进行生产。产业转移的决策可分为两个步骤：是否转移和如何转移。现实中，这两个步骤不是完全独立的，而是前后关联的顺序承接过程。有时是先有产业转移的决策，然后再寻找合适的区位；有时是先确定污染产业的区位，再决定何时进行转移。而就污染规制对污染产业区位选择的影响来看，应当是前者，即在若干选择当中寻找最合适的区位。

与其他产业的转移相比，污染产业转移的独特之处表现在，污染企业在面临环境规制约束时可以选择转移或者治理污染以达到规制要求，只有当污染治理的费用高于重新选址的成本（包括沉淀成本、机会成本和搬迁支出）时，污染企业才会选择区域转移。根据转移动机的不同，污染企业区际转移的动因可以划分为三类（见表3-1）。

表3-1　按污染产业转移的动因分类

机理	资源寻求型	市场寻求型	成本效率型
影响因素	自然资源	成本优势	生产优势
	基础设施	市场优势	成本优势
	税收激励	政策优势	政策激励
战略目标	优先获取自然资源	壮大市场份额	获得规模化和专业化优势

机理	资源寻求型	市场寻求型	成本效率型
主要产业	金属冶炼及压延加工业 煤炭开采和洗选业 石油和天然气开采业 黑色金属矿采选业 非金属矿采选业 电力、热力的生产和供应业	非金属矿物制品业 化学工业	造纸及纸制品业

第一类，资源寻求型产业转移。狭义的资源包括土地、矿藏、气候等自然资源，广义的资源还应当包括环境要素。资源寻求型产业转移是污染产业原区位出现资源枯竭等现象时，污染产业为了维持生产经营上的比较优势，选择向资源丰富的区位转移。以污染产业的特征来讲，对两类资源要素较为敏感。一类是矿藏资源，一些自然资源密集型产业，如煤炭开发与洗选业、石油和天然气开采业等，选址靠近于资源所在地；另一类是环境要素，污染密集型企业属于高排放、高污染、高能耗的"三高"型企业，是政府环境监控的重点，也是受环境规制影响最大的企业。随着经济的快速发展，"拥挤效应"使得东部地区的环境压力日益显著，而中、西部地区的环境容量相对宽松，污染企业倾向于自东向西转移。

第二类，市场寻求型产业转移。理论上讲，市场规模是对外投资的重要决定力量。在邓宁的折衷理论中，强调了东道国的市场规模和特性是重要的区位优势；而克鲁格曼的新贸易理论也认为，在不完全竞争市场结构中，贸易和投资取决于集聚效应的外部经济和源于内部能力的内部经济所驱动，而外部规模经济正是取决于市场规模的大小。就污染密集型产业而言，医药制造业、化学工业以及橡胶、塑料等非金属制品业等在企业选址时倾向于选择接近市场需求的区域。

第三类，成本效率型产业转移。主要表现为污染企业追求低生产成本区位，低成本的实现渠道有三种：选择要素价格较低的区域、实现生产的规模化和便捷的交通区位优势。首先，选择生产要素较廉价或者交通条件较为便利的区域进行投资，能够降低生产和运输成本，从而达到降低成本、提高效率的目的；其次，通过扩大生产规模、引进高技术和设备来降低边际生产成本、实现规模经济，也能够达到降低成本、提高效率的目的。随着东部地区土地、劳动力等要素价格的提高，对成本较为敏感的低端制造业不再拥有竞争优势，东部地区的产业结构面临着向高附加产业转型升级的压力；而低端制造业则只能转移到要素成本尚较为低廉的中、西部地区。

2.区域分工与贸易的影响因素

生产和需求的空间分离引发了区际贸易的出现，从而形成了一定的区域分工模式。由上述产业转移动因的分析可知，区域分工和贸易的影响因素大体可分为供给侧因素和需求侧因素。供给侧因素包括区域之间客观存在的生产要素或市场结构的差异，由此决定了不同产业的最优生产区位；需求侧因素源于不同区域之间消费结构的差异，由此形成了最终的区域分工模式。在传统的区位分工理论中，大多忽视了需求因素的影响，而仅仅研究供给侧因素。但事实上，分工的概念本质上是研究在开放视角下区域间经济联系的形式和程度的，如果只是讨论一个个孤立的区域内产业的此消彼长，那就不能称之为是"分工"。具体来看，区域分工和贸易的影响因素见表3-2。

表3-2 影响区域分工和贸易的因素

特征		具体因素
供给侧因素	外生因素	自然资源
		简单劳动力要素
		历史文化等区位条件
		制度要素（如环境规制）
	内生因素	技术要素
		高级劳动力要素
需求侧因素		资本要素
		规模经济
		消费结构
		消费规模

就供给侧因素来看，可分为不依赖于分工的外生因素和分工演进过程中形成的内生因素。外生因素是指区域客观存在的自然的或者历史的条件，是区域经济发展的外生变量。外生因素是区域外生比较优势的重要来源，在经济发展初期阶段，区域分工主要是以外生比较优势为基础的。即使是在现代经济活动中，这些外生变量仍然是区域分工的重要因素，如自然资源因素对资源密集型产业的影响、劳动要素对劳动密集型产业的影响等、环境规制对污染密集型企业的影响等。内生因素则指一个时期内区域经济系统自身能够决定的变量。这些因素是在区域分工内生演进过程中由各个经济主体追求利益最大化行为的交互作用所决定的，例如新古典经济学认为随着交易效率的不断改进，分工演进中会伴随着经济发展、贸易扩大和市场结构变化等现象。但是究竟哪些因素属于内生因素，人们的认识并不相同。一般认为资本积累、高素质劳动力的培育、规模经济等因素可归于内生因素，但是关于技术要素则有内生和外生两种观点。另外，关于环境规制要素应归为内生因素还是外生因素，学术界也存在争论（具体内容详见5.2节）。内生比较优势会随着分工的发展而不断地被创造和增进，同时在很大程度上决定着下一个时期的分工格局。

就需求侧因素来看，在产品日益丰富的买方市场中，需求因素不仅影响着分工的规模，甚至可能会影响到分工的模式。一方面，其他地区对本地区专业化生产的某种商品需求增长，会导致区域间贸易的增加，从而使区域之间的分工规模扩大；另一方面，如果本地区对区域内生产的某种商品需求增加，此种商品的价格可能会上涨，那么这种产品就会减少向区域外的流出，甚至可能会转变为净流入状态，也就是说，需求因素可能会改变区域间的分工模式。

总之，区位优势和需求分布共同决定了区域分工与贸易的结构和规模。在分工发展的初期，外生因素是区域分工的驱动力，但随着经济的发展、交易效率的提高，外生因素对区域分工的作用会越来越小，而知识、技术、规模经济等内生因素在区域竞争优势的形成和发展中的作用则会越来越大，区域分工越来越取决于内生因素的作用。同时，随着市场竞争白热化，需求因素的影响将不容忽视。

（三）污染产业资本流动和区际贸易的一般均衡

1.理论研究的视角

区域产业转移是由两地供求条件变化引发资本要素的流动，从而导致污染产业分工和贸易格局发生变化的系统过程，此过程可简化为"供求条件变化—资本要素流动—贸易模式改变—产业转移发生"。现有文献大多集中于研究"供求条件变化—贸易模式改变"（基于贸易模式的分析）或者"供求条件变化—资本要素流动"（基于投资区位的分析）两个方面，而较少涉及"资本要素流动—贸易模式改变"这个环节。

事实上，早在1957年，Mundell就在H-O（Heckscher-Onlin）模型框架下探讨了允许资本跨国流动的影响，他的研究被奉为要素流动和商品贸易关系的经典理论。一方面，他将学者们的研究视角从要素禀赋决定的商品贸易模式转向商品贸易与要素流动之间的替代关系，这是对要素禀赋理论的一次重要扩展；另一方面，他得出了一些有益的结论，例如，如果在实行自由贸易的两个国家之间撤销资本跨国流动的壁垒，则商品的自由流动会使得资本流动不会发生；如果设置商品流动的壁垒，则资本流动会发生，并且达到使生产和贸易发生完全专业化分工的程度。再如，国际贸易和国际资本流动的水平是不确定的，但在H-O模型中使两者同时存在的唯一可能是存在非贸易商品。虽然Mundell的结论在今天看来过于简化，但其关于要素流动与贸易模式存在着相互影响关系的精辟观点至今仍具有启示意义。这种相互关系大体可从三个层面进行审视：（1）商品价格与资本收益率的相互影响。两地贸易模式的变化会导致商品相对价格发生改变，从而影响到两个地区同种商品的资本收益率，从引发资本的区域流动。（2）跨区收入对商品相对需求的影响。区域外投资和商品流出所带来的跨区收入会影响两个区域的消费结构，当两个区域的边际消费倾向存在差异时，会导致两个地区对商品的需求出现差异，从而导致商品相对价格差的出现。（3）资本在生产效率不同的地区之间流动会影响商品产出的数量。资本从生产效率低的地方流向生产效率高的地方会增加商品产出；反之，产出会减少。商品供给条件的变化会通过影响价格来改变贸易结构。

2.理论研究的假设前提

本书试图建立一个两国模型来解释污染密集型商品（简称污染品）贸易和要素流动之间的关系。研究将分为两步进行：第一步，3.2节结合中国当前的要素流动特征构建污染产业的分工模型，详细分析污染产业的分工模式、影响因素以及影响机制；第二步，3.3节将以征收污染税为例讨论实施环境规制所带来的外部冲击对上述均衡的影响。

在假设前提方面，本书假设资本要素是污染品生产的特定要素，并允许资本要素跨国流动。虽然资本要素在长期看来可视为完全流动要素，但是在短期看来资本应当被视为有限流动要素。正如Cave（1971）所指出的那样，资本通常与管理和技术紧密联系而被视为综合要素，这种综合要素很难在不同产业之间转移，但是在不同国家的同一产业内部进行转移却较为容易。

本书假定：有两个地区（地区1和地区2），都生产污染密集型产品和农产品；生产过程中需要使用劳动、资本和土地三种生产要素，其中劳动可以跨地区和跨部门自由流动，而资本和土地是特定化的，也就是说，资本只能用于制造污染品，土地只能用于生产农产品；土地不能够跨地区流动，资本在短期内无法跨地区流动，但在长期中却可以实现跨地区流动。短期中，资本的不可流动性决定了这个模型类似于两国情形的特定要素模型；而随着时间的推移，资本利差会使得资本跨地区流动达到均衡。p表示污染品相对于农产品的价格。假定农产品是不可贸易商品。基于承接污染产业转移的视角，本书主要探讨以下情形：资本流入地区1，污染品流入地区2，以地区1为本地区。

3.一般均衡分析

一般均衡由以下4组方程决定（带*的表示地区2，不带*的表示地区1）（这个方程组也可以用于多种商品和要素的情形，像p、m、k可以是数字也可以是列向量，符号"'"表示列向量的转置）。其中，u、u^*、p和k是内生变量，T和ρ为外生变量。

地区1的贸易支出函数：

$$E(p,u,k^0+k) = T-(r-\rho)'k \qquad (3-2)$$

地区2的贸易支出函数：

$$E^*(p^*, u^*, k^* - k) = -T + (r - \rho)'k \qquad (3-3)$$

两个地区的贸易均衡：

$$E_p(p, u, k^0 + k) + E_p^*(p^*, u^*, k^* - k) = 0 \qquad (3-4)$$

$$g_k(p, k^0 + k) = g_k^*(p^*, k^* - k) + \rho \qquad (3-5)$$

式的左侧为贸易支出函数，等于地区1总支出减去GDP的差额，即

$$E(p, u, k^0 + k) \equiv e(p, u) - g(p, k^0 + k) \qquad (3-6)$$

其中，$e(p, u)$表示在效用水平和制成品相对价格的双重约束下，地区1的最低支出水平；$g(p, k^0 + k)$表示在资本投入量为（$k^0 + k$）时（其中，k^0为地区1的本地投资、k为地区2流入地区1的投资），地区1的GDP规模。

式（3-2）的右侧，T表示地区1接受的来自地区2的转移支付；r表示本国资本的利率，ρ表示地区1对流入资本所征的税收。

式（3-3）表示地区2的贸易支出函数，含义与式（3-2）相同。

为了简单起见，假定ρ的初始值为零，并且由于资本是生产污染品的特定要素，这就意味着交叉导数g_{pk}和g_{pk}^*的值为正。在这样的假设下，方程组就可以简化为变量p和k的相互作用关系。将上述方程组进行微分（推导过程见附录B），可以得到资本市场和商品市场两个市场的均衡。

（1）资本市场的均衡

对于资本市场均衡来说，对方程（3-5）变形可得（公式中涉及的符号含义见附表B-1）：

$$d(r - r^*) = -\phi' dp - S_k dk \qquad (3-7)$$

式（3-7）表明资本市场的均衡是由变量p和k的变化决定的。其中，dp的系数ϕ表示污染品价格波动对资本市场均衡的扰动程度，衡量的是供给方的不对称性。如果地区2在污染品生产效率上更有优势，则ϕ为正值[①]；反之，如果地区1在污染品生产效率上占优，则ϕ为负值。

———

①在一般均衡的框架下，可定义为：$\phi \equiv g_{pk}^* - g_{p\hat{k}}$

图3-2 (a) 表示了 ϕ 为正值的情形，即当p上升时，地区2的资本报酬相对升高，导致资本从地区1流入地区2（正如图3-2 (a) 中KK曲线所示）；当情况相反时，ϕ 为负值图3-2 (b) 中KK曲线所示3-7）。式（3-7）中dk的系数S_k必为正值，因为资本流入总会降低本地区的利息。如图3-2所示，当r等于r^*时，资本市场出清，此时p和k的关系可以用曲线KK来表示。

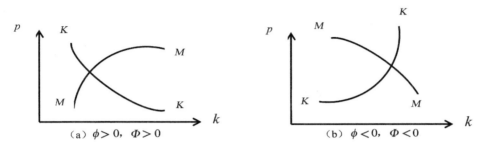

图3-2　稳定的一般均衡

(2) 商品市场的均衡

对于商品市场均衡来说，由方程（3-2）、（3-3）和（3-4）可得，当两地区的收支均衡时，污染品的超额需求$d(EDM)$由p和k决定。表述如下：

$$d(EDM) = -\delta dp + \left[x_1^*\left(r - r^* \right) + \Phi \right]dk \tag{3-8}$$

长期来看，两个地区的利差应当趋于零，即（$r-r^*$）等于零，则式（3-8）可变为：

$$d(EDM) = \delta dp + \Phi dk \tag{3-9}$$

式（3-9）右侧的第一项中dk的系数δ表示污染品价格变化对超额需求的影响。当污染品价格上升时，对超额需求的影响可分解为替代效应和收入效应，可表示如下：

$$\delta \equiv S + \beta k' g_{kp} \tag{3-10}$$

式（3-10）中右侧第一项表示替代效应，一般为负值；第二项表示收入效应，来源于两地间资本流动所引发的收入变动。假设资本流入地区1，则$k'g_{kp}$为正值；β反映了两国之间需求侧的差异，当地区1对污染品的边际消费倾向高于地区2时，β为负值；当地区2的边际消费倾向较高时，则β为正值。由此可见，δ的符号是不确定的，但在多国模型中只有当δ的符号为负时，价格均衡才会是稳定的。因此，本书沿用Neary（1995）的做法，设定δ的符号为负，即污染品价格的提高会减少世界对此类商品的超额需求。

式（3-9）右侧的第二项中dk的系数Φ表示国际资本流动对商品市场均衡的影响，Φ可分解如下：

$$\Phi = \phi + \beta k' S_k \tag{3-11}$$

式（3-11）右侧第一项ϕ的含义与式（3-7）中的一样，表示资本流动对污染品供给量的影响。当ϕ为正值时，污染品生产在地区2更有效率，那么资本流入地区1会减少世界产出，从而增加对污染品的超额需求；当ϕ为负值时，污染品生产在地区1更有效率，那么资本流入地区1会增加世界产出，进而减少对污染品的超额需求。式（3-11）右侧第二项$\beta k' S_k$表示另一部分需求效应。资本流入会降低地区1的资本回报率，其程度由替代效应系数S_k来表示（$S_k=-g_{kk}$），从而引起地区1和地区2之间的收入再分配。若为正值，表示地区2对污染品的边际消费倾向高于地区1〔与式（3-10）中的β含义一致〕，会增加对污染品的超额需求；若β为负值，则会减少对污染品的超额需求。因此，Φ的符号方向不能确定。当超额需求为零时，商品市场出清，此时p和k的关系可以用曲线MM来表示，如图3-2所示。

（3）资本市场与商品市场的同时均衡

图3-2展示了KK曲线与MM曲线的两种位置形态。此两种情况中，都假定供给侧差异ϕ足以抵消需求侧差异β的影响力，以至于Φ的符号方向与ϕ一致。因此，图中均展现出KK曲线与MM曲线在交点处的斜率符号相反。在交点处，资本市场和商品市场同时达到均衡，由此决定了污染品的价格和资本流动规模。

当然也有可能出现相反的情况，即供给侧差异ϕ不足以抵消需求侧差异β的影响力，以至于Φ的符号方向与ϕ相反。如图3-3所示，MM曲线与KK曲线两者倾斜方向相同，存在两个交点，且在交点处斜率符号相同。长期来看，这两种情形下的稳定均衡是不存在的。

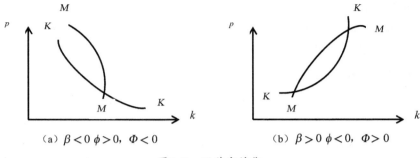

（a）$\beta<0\,\phi>0,\ \Phi<0$　　　　（b）$\beta>0\,\phi<0,\ \Phi>0$

图3-3　不稳定均衡

二、环境规制与污染产业投资区位

（一）环境规制影响污染产业投资区位选择的分解效应

1.成本效应

一般认为环境规制的加强会增加企业的生产成本，从而对污染产业投资起到抑制作用，可称作"成本效应"。提高环境规制水平会通过显性和隐形两个渠道造成企业生产成本的增加。（1）显性渠道。环保部门会对超标排放企业征收排污费（税），敦促重点污染企业增加污染治理设施或者固体废弃物使用回收和堆放的费用等，这些费用都会内部化为企业的生产成本。（2）隐形渠道。环境规制的提高压缩了行业的平均利润，提高了行业的准入门槛，倒逼机制使得行业中的和打算进入行业中的弱势企业被迫选择退出，实力雄厚、技术较强的大中型企业对产品的性能和包装进行相应改进，增加了企业的经营负担。可见，环境规制提高会增加企业的生产成本，从而抑制污染产业投资，即"成本效应"为负。

事实上，成本效应并不一定表现为负值，原因在于：（1）不同性质的环境规制对企业环境成本内部化的影响不同。工业污染源治理投资、排污费和建设项目"三同时"投资等主要来源于企业资金的环境规制对企业成本的负向影响较明显，而城市环境基础设施建设、公众参与型环境规制等对企业成本的影响相对较弱（详细讨论见6.2节）。（2）政府的补偿行为。对于政府提高环境规制，企业如果能够积极主动地达到环境标准，可能会得到一定的财政补贴。政府此种做法弥补了企业为降低污染水平所造成的产出下降和亏损，在鼓励企业主动进行节能减排的同时，也在一定程度上缓解了企业的成本压力。

2.创新效应

环境规制强度的提升可以激发企业通过技术创新来抵消环保成本的增加，即所谓的"创新补偿效应"。主要表现在：（1）环境规制增强后，同行之间激烈的"竞争效应"迫使企业加强技术创新。环境成本的增加使得企业面临着行业内更加激烈的竞争，企业加大研发投入，使科技创新能力和整体竞争力得以提高。同时，产业内集聚的企业越多，为科技创新带来的知识储备和技术供给也越多，人才间的交流、合作就必然能提高创新效率。（2）企业之间通过"技术溢出效应"提升了区域内企业环保技术的整体水平。Hosoe等（2006）认为，产业集聚通过科技创新溢出效应促进产业集群内企业采用更多的具备环保效应的生产技术进行生产，从而达到降低环境污染的程度和改善环境质量。同时，产业集聚的技术溢出效应降低了单个企业科技创新的风险，有助于激励企业科技创新。当这种效应不足以完全抵消生产成本的增加时，环境规制的提高会推动企业的外移，即"创新效应"为负，称为"弱波特假说"；而如果这种效应能够抵消生产成本增加，则"创新效应"表现为正，称为"强波特假说"。

影响创新效应的因素有：（1）环境规制的性质。来源于企业自有资金的环境规制对企业创新的刺激效果更加明显。（2）环境规制刺激的规模和时间。像工业污染源治理投资等规模较大、持续时间较长的环境规制对创新的刺激作用较为明显。（3）消费者的需求弹性。环境规制给企业带来成本压力时，若企业无法将这部分成本转嫁给消费者，企业就产生了技术革新的动力，努力打造自己的核心竞争力。此外，与当地的技术基础水平有关，技术基础较好的地区在技术创新方面的潜力较大。

3.集聚效应

就产业集聚来看，部分环境规制在产业集聚地区的表现更为显著，可称为"集聚效应"。一方面，污染产业集中的区域一般是政府进行污染物排放监控的重点区域，在大量的监管实践中监控管理的效率逐渐提高，因此在污染产业集聚的地区，费用型环境规制的作用可能会增强，从而加大了污染企业的成本压力成为其向区域外转移的推动力；另一方面，产业集聚地区一般也是政府基础设施较为成熟的区域，完善的城镇环境基础设施建设工程，例如燃气工程建设、集中供热工程建设、排水工程建设、园林绿化工程建设、市容环境卫生工程建设等，对污染产业投资的流入具有相当吸引力。

在产业集聚地区更利于政府推行环境规制政策，会取得更好的治污效果。向永辉（2013）论证了这样的观点：经济集聚地区具有较大的竞争优势，政府倾向于出台更高的税率，或者更少的政策优惠。实践中，近年来地方政府往往为了实现环保目标而建立统一的工业园区，进行规模化的污染治理。例如，2013年浙江温州市启动了12个电镀园建设，集中帮助处理污水和废弃物；2014年工信部建立制革园区并对企业污水进行集中处理，同时联合发改委开展国家低碳工业园区试点，并确定了第一批55家试点园区；2015年浙江省绍兴市印染产业建立产业集聚区，进行规模化和集约化的污水收集和处理。

（二）环境规制影响污染产业投资区位选择的综合效应

基于上述分析，可知环境规制对污染产业投资区位选择的影响，既有可能是负面的影响，也有可能是正面的影响；既有可能是促进污染产业转出的动力，也有可能是造成污染产业滞留原地的阻力。"成本效应""创新效应"和"集聚效应"交互作用的结果决定了环境规制对污染产业投资的"综合效应"。当正面作用大于负面作用时，环境规制的提高会造成污染产业的空间黏性增加，长期滞留于原产地而不向外转移，即"综合效应"为正；而如果正面作用无法抵消成本压力时，环境规制的提高就能够有效推动污染产业向区域外转移，通过加强环境规制就可以实现淘汰落后产能、产业结构优化，即"综合效应"为负。环境规制是否会造成污染产业的转移黏性由最终的"综合效应"所决定，当"最终效应"表现为正时，环境规制就成为污染产业转移黏性的原因之一；而当"最终效应"表现为负时，环境规制则是推动污染产业向外转移的动力之一。

三、环境规制与污染产业区际贸易

以3.1.3节的一般均衡模型为基础，下面讨论环境规制、资本流动与商品流动三者之间的关系。讨论主要建立在两种稳定均衡情形下。

（一）落后地区降低环境规制的情形

假设地区1是技术相对落后的地区，即 ϕ 的符号为负。在稳定均衡情形中，供给侧因素（技术水平的差异）的重要性强于需求侧因素（边际消费倾向的差异），即假定 ϕ 与 Φ 的符号相同，均为负。假定地区1采取降低环境规制的措施，从而导致本地区污染密集型产业的资本回报率 g_{pk} 下降，低于地区2的资本回报率 g^*_{pk}，即 $g_{pk} < g^*_{pk}$。受此影响，KK 曲线和 MM 曲线会发生位移，如图3-4所示。

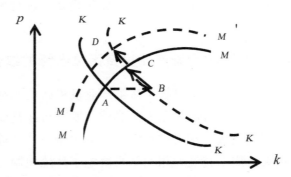

图3-4 落后地区降低环境规制的影响（$\phi > 0$，$\Phi > 0$）

首先，KK 曲线会向右移动。地区1降低了环境规制强度，使得资本收益率高于地区2，从而会吸引更多的资本流入，KK 曲线右移，从初始点 A 移向 B 点；之后随着两个地区之间资本收益率的逐渐持平，部分资本回流至地区2，污染品价格有所提高，从 B 点移向 C 点。其次，MM 曲线会向左移动。由于资本流向地区1这个生产效率较低的地区降低了总产出水平，从而形成了超额需求，促使 MM 曲线上移，污染品价格进一步提高，从 C 点移动到 D 点。

在这个过程中，地区1吸收的资本流入量呈现先增加后减少的趋势，至于最终的增加还是减少，与两条曲线的斜率有关，也与环境规制的变动幅度有关。一般而言，从A点到D点会有一定规模的正的资本流入，即落后地区放松环境规制确实可能会吸引更多的污染产业投资。至于污染品流出量是否增加，尚无法确定。原因是，由于资本流入低效率地区降低了污染品总产出，导致价格飙升，虽然地区2从流出资本方面获得了更多的资本收益，但根据支出函数特征来看，尚无法确定地区2是否会增加从地区1的购买量。

可见，对于落后地区来说，政府放松环境规制能够通过降低污染产业的投资成本来吸引更多污染产业投资的流入，增加本地区的污染品生产规模，但未必能够增加区域间贸易的规模。也就是说，从投资的角度来看，PHH成立；但从贸易的角度来看，PHH是否成立尚无法确定。

（二）先进地区降低环境规制的情形

假设地区1是技术相对先进的地区，即ϕ的符号为正。在稳定均衡情形中，供给侧因素（技术水平的差异）的重要性强于需求侧因素（边际消费倾向的差异），即假定ϕ与Φ的符号相同，均为正。假定地区1采取降低环境规制的措施，从而导致本地区污染密集型产业的资本回报率g_{pk}下降，低于地区2的资本回报率g^*_{pk}，即$g_{pk} < g^*_{pk}$。受此影响，KK曲线和MM曲线会发生位移，如图3-5所示。

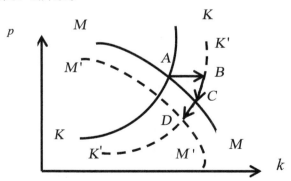

图3-5　发达地区降低环境规制的情形（$\phi < 0$，$\Phi < 0$）

首先，KK曲线会向右移动。地区1降低了环境规制强度，使得资本收益率高于地区 2，从而会吸引更多的资本流入，*KK* 曲线右移，从初始点 *A* 移向 *B* 点；之后随着两个地区之间资本收益率的逐渐持平，部分资本回流至地区 2，污染品价格有所降低，从 *B* 点移向 *C* 点。其次，*MM* 曲线会向左移动。由于资本流向地区 1 这个生产效率较高的地区增加了总产出水平，从而减少了超额需求，促使 *MM* 曲线下移，污染品价格进一步降低，从 *C* 点移动到 *D* 点。

在这个过程中，地区 1 吸收的资本流入量呈现先增加后减少的趋势，至于最终的结果是增加还是减少，与两条曲线的斜率有关，也与环境规制的变动幅度有关。一般而言，从 *A* 点到 *D* 点会有一定规模的正的资本流入，即发达地区放松环境规制确实可能会吸引更多的污染产业投资。就污染品流出量来讲，由于地区 2 从流入资本方面获得了更多的资本收益，而同时污染品价格有所降低，根据支出函数特征，地区 2 会增加从地区 1 的污染品购买量。

可见，对于发达地区来说，地方政府放松环境规制能够通过降低污染产业的投资成本来吸引更多污染产业投资的流入，生产的扩张一般能够增加向其他区域提供的污染品贸易规模。也就是说，不论是从投资的角度，还是从贸易的角度来看，PHH 都是成立的。

由以上分析可知：（1）环境规制对污染产业转移是否有显著影响，与考察产业转移的中介变量有关，从资本流动视角和从商品流动视角可能会得出不同的结论。（2）从资本流动的视角主要集中在供给侧分析，环境规制如果能够影响资本收益率，则能够对资本流动起到显著的推动作用。当然，在现实中，这一机制的发挥有赖于企业的环境成本内部化程度。（3）从商品流动视角的分析则较为复杂，对商品的需求有三个主要影响因素——收入、价格和边际消费倾向。在本书的模型中，收入不仅与地方 GDP 有关，还与对外投资的收益有关；而价格则在相当程度上取决于商品的总供给数量（这又与资本的空间分布紧密相关）。因此，虽然一般来讲本地区放松环境管制水平会使得本地区污染产业投资增加、生产规模扩大（这会带来更多的污染），但是其对于贸易收支的影响方向是不能确定的。如果落后地区想要通过放松环境管制来改善对外收支，则不但可能无法实现目标，反倒会使得本地污染水平增加，因此，此类政策的推出应当更为谨慎。

四、本章小结

区域产业转移是由两地供求条件变化引发的资本要素的流动，从而导致污染产业区际分工和贸易格局发生变化的系统过程，此过程可简化为"供求条件变化—资本要素流动—贸易模式改变"。按照上述逻辑关系，环境规制作为一种非流动性生产要素，会对资本要素流动产生影响，使得区域间比较优势出现消长演化，从而改变地区间的贸易模式，即"环境规制强度变化—投资区位变化—区际贸易模式改变"。

从环境规制与投资区位的关系来看，按照转移的动机，污染产业转移可分为资源寻求型、市场寻求型和生产效率型，尤其是以前两类为主。本书认为，环境规制对投资区位的影响，即"综合效应"，既包括直接对成本的影响，也包括间接地与技术激励、产业集聚的互动作用。首先，一般认为环境规制的加强会增加企业的生产成本，从而对污染产业投资起到抑制作用，可称作"成本效应"；而事实上，由于环境规制工具的异质性和政府的补偿性行为，"成本效应"并不一定表现为负值。其次，环境规制强度的提升可以激发企业通过技术创新来抵消环保成本的增加，即所谓的"创新补偿效应"。当这种效应不足以完全抵消生产成本的增加时，环境规制的提高会推动企业的外移，即"创新效应"为负，称为"弱波特假说"；而如果这种效应能够抵消生产成本的增加，则"创新效应"表现为正，称为"强波特假说"。再次，就产业集聚来看，部分环境规制在产业集聚地区的表现更为显著，可称为"集聚效应"。"集聚效应"大多表现为负值，但也可能表现并不显著。环境规制是否会造成污染产业的转移黏性由最终的"综合效应"所决定，当"最终效应"表现为正时，环境规制就成为污染产业转移黏性的原因之一；而当"最终效应"表现为负时，环境规制则是推动污染产业向外转移的动力之一。

从环境规制与区际贸易的关系来看，本书构建了中国区域间污染产业转移的一般均衡模型，将贸易收支、资本流动、要素收益、地区发展水平和需求偏好纳入研究模型，讨论了在资本市场和商品市场同时均衡条件下的稳定均衡情形，并以此模型为基础，研究了落后地区和先进地区分别降低环境规制对污染产业转移的影响。理论模型表明，一方面，资本流动与商品流动之间并不能简单地认定为是互补或者替代的关系，事实上，二者的关系在很大程度上取决于两个地区的技术禀赋条件和需求结构偏好。也就是说，以往文献中单从FDI或者单从净出口规模的角度来研究产业转移可能是不够的。因此，本书选择从资本流动来探讨产业转移的动力机制，而从贸易模式来研究产业转移的结果，为中国区域产业转移提供了一个更为全面的视角。另一方面，落后地区和先进地区降低环境规制的效果存在显著差异。对于落后地区来说，政府放松环境规制能够通过降低污染产业的投资成本来吸引更多污染产业投资的流入，增加本地区的污染品生产规模，但未必能够增加区域间贸易的规模。也就是说，从投资的角度来看，PHH 成立；但从贸易的角度来看，PHH是否成立尚无法确定。而对于发达地区来说，地方政府放松环境规制能够通过降低污染产业的投资成本来吸引更多污染产业投资的流入，生产的扩张一般能够扩大向其他区域提供的污染品贸易规模。也就是说，不论是从投资的角度，还是从贸易的角度来看，PHH 都是成立的。

第四章　环境规制强度对污染产业投资区位转移的影响实证

一、中国区域环境规制强度的评价

（一）治污投资的区域对比

本节从污染治理的投入方面来考察环境规制的强度水平。Bruneau（2005）提出，相较于衡量污染密集度来说，减污与污染控制支出（PACE）用来衡量环境规制的严格度则更为妥当，事实上，实施严格环境规制的国家往往减污资本和成本支出也较高。我们选择工业治污投资实际完成额作为衡量指标，具体包括三个分类指标：工业废水治污投资实际完成额、工业废气治污投资实际完成额和工业固体废弃物治污投资实际完成额。

1.中国工业治污投资的整体概况

图 4-1 显示了 2003—2014 年我国工业万元增加值的治污投资情况。

从万元增加值的治污投资总体上来看，2005年达到最高点

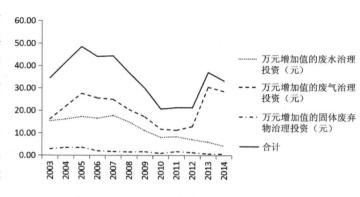

图4-1　2003—2014年我国工业治污投资概况

48.44，之后迅速下降，到2010年达到最低点20.66，2014年回升至33.16。从治理污染的类型上看，治污投资中占比最大的是废气治理投资，从2003年的52.69%上升至2014年的85.83%，反映出近年来人们对于空气污染的重视程度在逐年提高；其次是废水治理投资和固体废弃物治理投资，占比呈现出不断下降的态势。

2.中国工业治污投资的地区差异

表4-1显示了2003年和2014年我国30个省（市、区）万元工业增加值的污染治理投资额[①]。

表4-1 2003年和2014年我国主要省（市、区）万元增加值的治污投资额（单位：元）

	2003 年			2014 年		
	废水治理	废气治理	固体废弃物治理	废水治理	废气治理	固体废弃物治理
北京	4.65	56.23	0.83	4.16	28.46	0.54
天津	25.18	40.16	5.80	0.79	16.62	0.11
河北	10.41	16.61	1.93	1.73	21.35	0.00
山西	8.94	29.71	10.43	4.50	58.50	0.17
内蒙古	27.77	8.35	1.60	6.32	42.16	2.30
辽宁	17.88	11.54	2.40	2.65	89.62	2.24
吉林	16.64	8.99	0.86	2.00	25.76	0.19
黑龙江	9.36	7.24	2.00	0.44	23.87	0.14
上海	5.55	3.19	0.04	1.16	33.62	0.27
江苏	12.38	11.44	0.41	8.52	13.36	0.00
浙江	13.91	5.71	0.71	2.82	14.22	0.02
安徽	11.29	22.38	2.44	10.44	24.68	0.19
福建	10.11	40.50	0.95	2.29	15.82	0.21
江西	2.15	7.13	1.19	11.29	17.60	0.83

———————————

①不含海南省。

续表

	2003 年			2014 年		
	废水治理	废气治理	固体废弃物治理	废水治理	废气治理	固体废弃物治理
山东	27.49	12.88	10.43	2.72	14.81	0.11
河南	11.76	16.35	1.62	3.26	50.56	0.33
湖北	13.19	24.71	0.32	3.84	29.41	0.01
湖南	9.82	8.49	3.83	1.78	21.15	0.25
广东	14.70	17.11	2.54	2.20	12.39	0.34
广西	18.93	6.21	0.83	2.16	9.33	0.16
重庆	21.60	2.88	0.00	5.43	17.48	2.84
四川	10.29	8.01	0.03	0.17	108.18	0.00
贵州	35.62	21.00	5.58	0.96	6.62	0.83
云南	25.80	25.95	2.82	4.57	13.91	0.14
西藏	16.37	30.39	2.80	4.18	53.85	0.21
陕西	0.00	28.32	0.00	8.01	34.39	8.60
甘肃	37.99	22.06	2.03	116.73	21.96	3.93
青海	29.48	42.21	1.93	2.97	32.02	0.29
宁夏	4.98	14.52	0.40	8.64	60.97	0.10
新疆	30.91	38.78	1.21	12.32	51.11	3.49

2003—2014年，就万元增加值的治污投资额来看，不论是废水治理、废气治理还是工业固体废弃物治理，都呈现出明显的西高东低的态势。也就是说，从环境规制的投入成本来看，西部地区的环境规制水平相对较高，其次是中部地区，而东部地区的环境规制水平则相对较低。这与一般认为的东部地区环境规制水平高的观念恰好相反，主要原因在于本书使用的是万元增加值的治污投资，而不是治污投资总量，以工业增加值作为污染物排放强度的分母，对于研究和对比历年新增价值的污染成本具有现实意义。可见，如果仅仅从治污投资总量来衡量环境规制水平而不考虑经济规模的差异，显然是不准确的。

（二）治污效果的区域对比

现有文献中衡量环境规制效果的指标主要有三类：污染物排放强度，如废水排放强度、废气排放强度和固体废弃物排放强度等；污染处理达标率，如废水排放达标率、二氧化硫去除率、烟（粉）尘去除率和固体综合利用率等；环境污染与破坏的事故发生数量。由于2011年之后《中国环境统计年鉴》不再公布工业废水排放达标率、工业二氧化硫去除率和烟（粉）尘去除率；第三类指标单纯从污染事件的发生数量上进行考量，不能全面衡量环境规制的实施效果。因此，出于时间序列连续性的考虑，本书采用第一类指标来衡量环境规制的实施效果，具体包括：工业废水排放强度（即工业废水排放量/工业增加值）、工业废气排放强度（即工业废气排放量[①]/工业增加值）和工业固体废弃物排放强度（工业固体废弃物排放量/工业增加值）。

1.中国工业治污效果的整体概况

图4-2给出了2003—2014年我国污染治理的实施效果（工业增加值换算成2003年价格）。

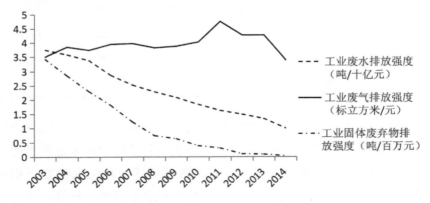

图4-2　2003—2014年我国污染物排放的强度变化

可以看出，2003—2014年，我国污染治理的效果整体来说还是取得了

---

①废气种类包括：二氧化硫、氮氧化物和烟（粉）尘。

一定效果的。尤其是在工业废水排放强度和工业固体废弃物排放强度两个指标上表现得非常明显，工业废水排放强度从3.84吨/十亿元增加值下降到1.00吨/十亿元增加值，工业固体废弃物排放强度从3.42吨/百万元增加值下降到0.03吨/百万元增加值。但在工业废气治理方面，环境规制的实施效果尚待观察。2003年工业废气排放强度为3.50标立方米/元增加值，之后上升到2011年的4.75标立方米/元增加值，2014年下降至3.39标立方米/元增加值。可见我国工业废气排放的治理效果并不明显。这可能是由于大气管制的强度还不够高，以及大气污染排放更难以检测和高管制成本所造成的[1]。

2.中国工业治污效果的地区差异

虽然某些环保法规是全国统一制定并强制推行的，但由于各地区经济发展水平存在差异，地方政府可能在执行过程中基于自身利益而采取一些策略性的行为，从而导致环境规制的实际标准出现地方差异。加之各地的非正式环境规制差异明显，也会导致各地的环境规制效果出现不一致的情况。表4-2显示了2003年与2014年我国环境治理效果的省份差异。

表4-2　2003年与2014年污染物排放强度的省份差异

	2003 年			2014 年		
	废水治理	废气治理	固体废弃物治理	废水治理	废气治理	固体废弃物治理
北京	1.27	2.91	0.96	0.28	1.10	0.00
天津	1.90	3.84	0.00	0.34	1.59	0.00
河北	3.37	4.91	1.44	1.08	7.27	0.00
山西	2.59	10.77	52.73	1.23	8.98	0.00
内蒙古	3.27	11.03	8.94	0.73	6.73	0.01

[1]这一结论与一些学者的研究结论不一致。如，柴志贤（2014）的结论表明我国工业废气排放强度从1998年的1.79亿标立方米/亿元工业总产值，下降到2010年的0.74亿标立方米/亿元工业总产值，降幅约60%。差异原因主要有二：一是分母指标不同。本书用的是工业增加值，柴志贤（2014）用的是工业总产值。二是价格标准不同。本书用的是2003年为基年的可比价格，而柴志贤（2014）用的是当年价格。

续表

	2003 年			2014 年		
	废水治理	废气治理	固体废弃物治理	废水治理	废气治理	固体废弃物治理
辽宁	3.49	5.00	0.56	0.96	3.64	0.06
吉林	3.38	4.16	0.06	0.87	1.96	0.00
黑龙江	2.24	2.15	0.02	1.20	3.46	0.09
上海	2.13	2.72	0.00	0.78	2.30	0.00
江苏	4.12	2.44	0.00	1.06	3.07	0.00
浙江	3.84	2.38	0.10	1.20	2.16	0.00
安徽	4.39	3.72	0.00	1.03	4.32	0.00
福建	4.58	1.95	0.20	1.31	2.35	0.00
江西	5.90	3.77	1.12	1.30	3.14	0.06
山东	1.98	2.75	0.02	1.00	2.89	0.00
河南	3.76	3.95	0.12	1.12	3.46	0.00
湖北	4.28	2.97	0.42	1.06	2.83	0.01
湖南	8.54	3.17	6.16	1.16	2.26	0.01
广东	2.28	1.70	0.27	0.82	1.37	0.01
广西	15.08	8.15	13.36	1.57	4.01	0.01
海南	7.00	5.20	0.00	2.13	7.06	0.00
重庆	10.67	2.96	18.44	0.96	2.54	0.18
四川	11.41	5.03	15.50	0.81	2.41	0.01
贵州	3.68	7.61	69.67	1.47	10.42	0.07
云南	3.97	4.81	13.95	1.48	6.08	0.25
西藏	4.44	1.02	387.48	0.89	3.53	0.00
陕西	4.02	4.63	6.89	0.66	3.02	0.00
甘肃	4.65	8.97	1.68	1.21	7.54	0.00
青海	2.86	8.30	5.22	1.24	9.75	0.00
宁夏	7.49	12.05	61.54	2.18	15.39	0.00
新疆	2.88	6.89	18.00	1.46	9.86	1.20

　　首先，就废水治理来看，21世纪初我国东西部工业废水排放强度的差异较为明显，呈现出西高东低的格局，但随着各地对废水排放的治理，中西部地区同东部地区的差异逐渐缩小，2011年之后甚至出现了西部地区的废水排放强度低于中部地区、与东部地区接近的情况。这反映出西部地区在废水治理方面的环境规制效果明显，如果再考虑到东部地区较为先进的技术水平，那就意味着在废水治理的环境规制方面西部地区的环境规制水平可能会更高。其次，在废气治理方面，东部地区的排放强度明显低于中西部地区，而且一直持续了整个观察期；中部地区的废气排放强度呈现出略微下降的态势，反映了该地区空气环境规制具有一定的实施效果；但西部地区并没有呈现出明显的降低趋势，可见这一区域在治理空气污染上面临着更为严峻的形势。最后，在工业固体废弃物排放强度方面，呈现出明显的西高东低的态势，尽管东部和西部的差距在逐步缩小，但是这种格局并没有改变。总之，从废水、废气和固体废弃物这三类污染物的治理效果来评价我国环境规制，基本上可以看出东部地区的环境规制水平相对较高，而中西部的环境规制水平相对较低。这一结果与4.1.1节中治污投资视角评价环境规制的结果存在较大差异，4.1.3节我们将试图进行解释。

（三）中国区域环境规制强度的计算

1.选择环境规制强度指标的原则

　　现有文献研究表明，使用不同的指标来衡量环境规制水平确实会存在较大偏差，但对其中原因的探究却鲜有论及。以往文献较多的是对各国环境规制进行横向对比研究，由于国际数据的不易搜集，研究者常常利用现有可得数据进行分析，导致环境规制评价出现不一致，进而导致研究课题出现矛盾的结论。而就国内区域环境规制的评价方面，虽然可以利用的数据种类比较丰富，但是现有研究多引用国外研究文献中的某种方法。要么从某种污染物的污染效果方面评价，要么从某类污染治理成本方面进行评价；也有少数文献使用了由多个指标构成的综合评价指标，但是通常这些指标都属于治污效果或者治污成本两类中的某一类（原毅军、谢荣辉，2014）。

　　本书的数据也表明，治污效果视角与治污投资视角对我国区域环境规制的评价结果存在较大差异。这种差异尤其表现在区域层面，如从治污成本来看东部的治污投资是最少的，而从治污效果来看东部的污染排放强度则是最低的。这一结果看似矛盾，却可以从以下4个方面来解释：（1）技术水平的差异。一个公认的事实是，东部地区的技术水平要高于中西部，这也表现在能源利用效率和污染物减排效率方面。换句话来讲，就是东部污染排放强度较低，并不是由于其环境规制水平高，而是源于其技术水平较高的事实。（2）产业结构的差异。由于东部地区经济发展程度高、人力资本丰富，表现在产业结构层面就是高附加值、低能耗排放的清洁型产业比重较大，这与中西部地区的产业结构呈现出显著差异，使得东部地区工业整体的污染排放强度较低，而这种结果同样不能完全归功于东部地区较高的环境规制水平。可见，简单地用污染物排放强度来衡量环境规制，从而得出东部环境规制高于中西部的结论并不一定准确。（3）正式环境规制的执行力度不同。在中国，以环保法律法规为代表的正式环境规制主要表现在国家层面，而在区域层面的差异并不显著，区域层面的正式环境规制差异主要表现在地方政府治理污染方面的执行力度方面。以GDP为导向的地方政府竞争，往往使得地方政府对辖区企业的环境污染行为放松环境管制与约束，地方政府彼此之间的竞争行为将导致环境保护"软约束"的形成（李猛，2009）。相对而言，追求GDP增长率会更加深刻地影响沿海省份地方官员的行为动机（于文超，2014），由此可能会降低其正式环境规制的执行力度。（4）非正式环境规制的影响力不同。不论是从居民收入水平、劳动力素质，还是从人口密度和年龄结构等方面来看，东部的非正式环境规制无疑要高于中西部地区。尤其是随着经济发展水平的提高，人们对于环境资源的需求会逐渐超过对GDP的追求，非正式环境规制将会扮演着越来越重要的作用。

通过上述分析可知，在选择我国区域环境规制的评价指标方面，应当注意：（1）避免选择单一污染物的环境规制指标。由于不同产业的污染物排放种类和构成存在较大差异，当我们以某产业作为研究对象时，应当考虑到多种污染物的综合影响，一般包括废水、废气和固体废弃物三种污染物，并分别给予适当的权重[①]。（2）选择适当的综合指标要优于单一指

[①] 例如，柴志贤（2014）基于工业废水达标率得出东部地区的环境规制水平高于中西部地区；而原毅军和谢荣辉（2014）基于包含废水排放达标率、二氧化硫去除率、烟（粉）尘去除率和固体废物综合利用率四个单项指标构成的综合指标则得出了相反的结论。

标。如前所述，不管是治污效果的指标，还是治污成本的指标，由于其影响因素不同，作为衡量环境规制强度的指标都存在着一些先天的缺陷。在缺少更直接的环境规制强度衡量手段之前，使用包含治污效果和治污成本的综合指标作为环境规制强度的评价指标可被认为是一种次优的选择。（3）非正式环境规制不可忽视。当经济发展到一定程度，人们环保意识觉醒，环境资源逐渐成为稀缺要素；正式环境规制的发展滞后于人们需求的时候，非正式环境规制的影响力就会显现出来，应当在模型中加入非正式环境规制以检验其显著性。

2.正式环境规制强度的评价

一方面，污染物排放强度与环境规制负相关，即环境规制越强则污染排放强度越低；另一方面，污染治理成本与环境规制正相关，即污染治理投资越多则环境规制越强。本书选择工业废水排放强度、工业废气排放强度和工业固体废弃物排放强度作为污染物排放效果的三个子指标，选择万元增加值的工业废水污染治理投资完成额、工业废气污染治理投资完成额和工业固体废弃物污染治理投资完成额作为污染治理成本的三个子指标。以此为基础，构建三个单项指标，即工业废水治理成本（工业废水污染治理投资完成额/工业废水排放强度）、工业废气治理成本（工业废气污染治理投资完成额/工业废气排放强度）和工业固体废弃物治理成本（工业固体废弃物污染治理投资完成额/工业固体废弃物排放强度）

本书参照傅京燕和李丽莎（2010）、原毅军和谢荣辉（2014）的方法，并根据本书研究目的进行相应的调整，构建地区环境规制强度的综合评价指数。选取各省（市、区）的工业废水治理成本、工业废气治理成本和工业固体废弃物治理成本三个单项指标，给予适当权重构成综合评价指标。具体计算步骤如下：

第一步，对三个单项指标进行线性标准化处理，计算公式为：

$$GZ_{ij} = \frac{\left[G_{ij} - \min\left(G_j\right)\right]}{\left[\max\left(G_j\right) - \min\left(G_j\right)\right]} \tag{4-1}$$

其中，i指省（市、区）（$i=1$，2，3，...，27），j指3类污染物（$j=1$，2，3），G_{ij}为各项指标的原始值，$\max\left(G_j\right)$和$\min\left(G_j\right)$分别为各个省（市、

区）三个单项指标每年的最大值和最小值，GZ_{ij}为环境规制的标准化值。

第二步，计算各单项指标的权重w_{ij}。由于每个省（市、区）的废水、废气和固体废物排放量不同，需要对上述三项标准化环境规制赋予不同的权重，才能准确反映各省（市、区）主要污染物的治理强度。权重的计算方法如下：

$$w_{ij} = \frac{(E_{ij}/\sum E_{ij})}{(Y_i/\sum Y_i)} \tag{4-2}$$

其中，w_{ij}为i省（市、区）中污染物j的环境规制权重，E_{ij}为i省（市、区）污染物j的排放量，$\sum E_{ij}$为全国同类污染物的排放总量，Y_i为i省（市、区）的工业增加值，$\sum Y_i$为全国工业增加值。用上述公式计算出历年废水、废气和固体废弃物的环境规制权重后，再求简单平均数，计算出考察期内i省（市、区）第j种污染物的环境规制权重的平均值$\overline{w}_{ij}$。

第三步，基于各单项指标的标准化值和平均权重，计算出各省（市、区）的正式环境规制强度，计算公式为：

$$ZSGZ_i = \frac{1}{3}\sum_{j=1}^{3} \overline{w}_{ij} \cdot GZ_{ij} \tag{4-3}$$

$ZSGZ_i$的值越大，表明i省（市、区）的正式环境规制越严厉。

由此，我国正式环境规制强度的具体测算结果如表4-3所示。

表4-3 2003—2014年中国区域正式环境规制强度

	2003	2004	2005	2006	2007	2008	2009	2010	2011	2012	2013	2014
北京	1.96	1.28	1.56	2.49	1.38	1.96	0.74	0.48	0.17	0.74	0.55	0.75
天津	2.65	1.95	2.35	1.96	2.03	2.41	2.01	1.47	1.56	0.72	0.66	0.97
河北	1.04	1.22	1.45	1.47	1.45	1.53	0.99	0.81	1.58	1.24	1.75	2.14
山西	1.25	4.09	2.97	6.29	6.89	7.16	6.01	3.23	3.28	2.64	4.13	0.94
内蒙古	1.67	1.95	0.67	4.01	3.14	3.21	2.19	1.55	4.24	1.61	3.78	3.66
辽宁	1.31	1.46	1.23	1.81	1.72	1.61	1.76	1.20	0.68	0.35	1.08	0.87
吉林	1.17	1.73	1.57	1.11	1.58	2.12	1.54	1.14	1.12	0.51	0.77	1.00
黑龙江	0.73	0.78	0.64	0.88	1.27	1.27	1.66	0.73	2.01	0.33	2.31	1.19
上海	0.37	0.44	0.76	0.22	1.72	0.95	0.59	0.45	0.80	0.62	0.01	0.54
江苏	1.03	1.20	1.34	1.10	1.94	1.52	0.93	0.59	0.99	1.11	1.08	0.39

续表

	2003	2004	2005	2006	2007	2008	2009	2010	2011	2012	2013	2014
浙江	0.95	0.92	0.99	1.27	0.89	0.78	0.98	0.70	0.87	1.27	1.29	1.21
安徽	1.28	1.74	1.08	1.07	1.77	1.97	1.32	0.62	0.27	1.05	1.25	0.27
福建	1.81	3.43	3.19	2.17	1.25	1.90	1.37	1.49	1.37	2.10	1.57	0.89
江西	0.27	2.35	1.39	1.44	1.71	1.00	0.63	1.03	0.35	0.15	0.91	0.38
山东	1.96	1.74	2.14	2.04	2.15	2.86	1.58	1.42	2.52	2.12	1.83	2.35
河南	1.13	1.56	1.69	1.75	2.03	1.44	0.79	0.75	1.37	0.37	1.30	1.09
湖北	1.49	1.24	1.67	2.03	2.39	2.09	3.24	2.47	0.53	0.80	1.21	0.75
湖南	0.78	1.65	2.13	2.86	1.50	1.92	1.60	1.51	0.67	1.02	0.84	0.37
广东	1.36	1.25	1.12	0.93	0.86	0.55	0.51	0.78	0.44	0.80	0.57	0.36
广西	1.16	1.42	2.85	2.35	3.62	3.48	2.22	1.55	0.96	0.55	1.12	0.52
海南	1.26	0.70	0.88	4.74	0.39	0.68	0.67	0.90	5.09	8.02	2.69	4.31
重庆	0.80	1.42	1.51	1.21	2.75	2.56	1.41	1.39	0.40	0.41	0.76	0.02
四川	4.05	4.51	2.62	2.76	2.14	2.05	0.91	0.72	1.14	0.63	0.73	0.47
贵州	2.17	2.16	3.00	4.31	1.70	4.48	2.30	2.89	4.62	3.18	3.47	1.61
云南	1.80	1.19	1.53	2.32	2.18	2.21	2.36	2.73	3.52	3.69	2.63	1.12
西藏	0.86	0.00	0.00	0.24	0.05	0.00	0.00	0.00	2.66	1.61	2.54	3.04
陕西	2.80	2.00	3.74	1.14	1.06	1.72	3.22	4.05	3.43	2.83	2.76	1.28
甘肃	2.85	3.60	3.15	6.78	5.00	5.52	5.52	5.89	5.63	3.61	3.75	2.21
青海	0.59	0.68	0.58	1.29	1.18	1.34	3.94	1.12	1.76	1.16	1.30	1.47
宁夏	2.76	11.97	2.60	5.97	5.16	10.39	5.17	3.75	3.49	5.10	9.29	10.21
新疆	1.33	2.05	1.81	1.54	1.96	3.02	5.65	2.26	4.02	1.87	3.20	3.37

　　为了下文实证分析的稳健性，构建正式环境规制的替代变量 $ZSGZ_a$ 和 $ZSGZ_b$。首先，从污染治理效果视角构建正式环境规制的替代变量 $ZSGZ_a$，计算方法如下：选择工业废水排放强度、工业废气排放强度和工业固体废弃物排放强度作为污染物排放效果的三个子指标，权重的计算方法与正式环境规制ZSGZ的权重计算方法相同。$ZSGZ_a$ 的值越大，则表示该地区环境

规制强度越弱。然后，从污染治理成本视角构建正式环境规制的替代变量 $ZSGZ_b$，计算方法如下：选择万元增加值的工业废水污染治理投资完成额、工业废气污染治理投资完成额和工业固体废弃物污染治理投资完成额作为污染治理成本的三个子指标，权重的计算方法与正式环境规制的权重计算方法相同。$ZSGZ_a$的值越大，则表示该地区环境规制强度越强。

3.非正式环境规制强度的评价

环保意识是非正式环境规制的核心，因此，非正式环境规制可通过环保意识进行测度。例如，Kathuria（2007）使用污染事件的媒体曝光率进行衡量，Goldar和Banerijee（2004）则将议会选举中的投票率和教育水平的增长率作为非正式环境规制强度的代理变量。但教育水平、法律、媒体覆盖率、就业情况、居住分布以及政府管理体制等方面都会对公众环保意识产生重要影响，并且具体的影响机制较为复杂，难以定量表达。本书参照Pargal 和Wheeler（1995）以及原毅军和谢荣辉（2014）的思路，进一步优化修正后，选择收入水平、受教育程度、信访参与度和年龄结构这四个指标所构成的综合指标来评价各地区的非正式环境规制fzsgz。根据数据可得性，本书选择的具体指标如下：（1）使用在岗职工平均工资衡量各地区的收入水平$fzsgz_1$。收入水平越高的地区，公众对高质量生存环境的需求越强，高收入地区的环保意识更为强烈。（2）使用教育水平综合指标来衡量各地区的受教育水平$fzsgz_2$。受教育水平越高，环保意识越强，公众对环境质量的关注程度也越高。（3）使用各地区环境信访的人均件数来衡量信访参与度$fzsgz_3$。人均环境信访度越高，意味着参与非正式规制的人数越多，环保意识越强烈。（4）选取15岁以下人口中衡量年龄结构$fzsgz_4$。年轻人口比重高的地区更关注污染问题，对非政府环保组织的参与程度也会更高。其中，教育水平综合指标的计算方法为：

$$HUMI=P_{i1}\times6+P_{i2}\times9+P_{i3}\times12+P_{i4}\times16 \tag{4-4}$$

其中，P_{i1}、P_{i2}、P_{i3}、P_{i4}分别表示地区i受教育程度为小学、初中、高中、大专及以上的人口比重，权重为受教育年份数。

非正式环境规制强度测算见表4-4。

表4-4 2003—2014年中国区域非正式环境规制强度

	2003	2004	2005	2006	2007	2008	2009	2010	2011	2012	2013	2014
北京	2.15	2.09	2.72	2.98	2.62	2.91	2.87	2.60	2.05	2.16	2.55	2.28
天津	2.27	2.23	2.61	2.48	1.79	2.39	2.58	2.29	2.57	1.64	1.70	1.51
河北	1.46	1.33	1.25	1.25	1.17	1.28	1.36	1.45	1.23	1.35	1.42	1.42
山西	1.65	1.60	1.94	1.58	1.54	1.44	1.41	1.46	1.33	1.41	1.46	1.29
内蒙古	1.26	1.25	1.31	1.35	1.24	1.20	1.25	1.35	1.45	2.09	1.23	1.23
辽宁	1.50	1.38	1.37	1.49	1.67	1.46	1.63	1.53	1.13	1.19	1.64	1.32
吉林	1.35	1.24	1.26	1.32	1.06	1.24	1.14	1.05	1.02	1.08	0.99	1.13
黑龙江	1.28	1.18	1.23	1.17	1.21	1.22	1.24	1.10	0.91	1.09	1.21	1.11
上海	2.83	2.69	2.75	2.83	2.36	2.47	2.70	2.67	1.87	1.92	2.21	2.45
江苏	1.67	1.55	1.78	1.93	1.47	1.58	1.77	1.79	1.31	1.52	1.50	1.75
浙江	2.03	1.84	2.13	2.27	2.12	1.91	2.06	1.91	1.33	1.48	1.95	1.68
安徽	1.49	1.48	1.42	1.45	1.87	1.37	1.43	1.45	1.34	1.55	2.11	1.83
福建	1.81	1.60	1.76	1.72	2.00	1.54	1.88	1.90	1.35	1.58	2.17	1.42
江西	1.55	1.41	1.51	1.51	2.04	1.51	1.73	1.81	1.45	1.68	2.22	2.26
山东	1.41	1.38	1.24	1.37	1.24	1.29	1.35	1.30	1.31	1.41	1.32	1.34
河南	1.45	1.43	1.28	1.37	1.45	1.46	1.47	1.46	1.37	1.46	1.66	1.64
湖北	1.59	1.55	1.33	1.39	1.65	1.31	1.44	1.37	1.23	1.34	1.77	1.52
湖南	1.36	1.39	1.24	1.19	1.54	1.27	1.32	1.29	1.22	1.38	1.70	1.46
广东	2.18	2.03	2.37	2.47	2.69	1.66	2.20	2.34	1.79	1.88	2.52	1.94
广西	1.53	1.53	1.64	1.65	1.60	2.41	1.78	1.83	1.49	1.64	1.75	1.69
海南	1.60	1.66	1.59	1.54	1.34	1.39	1.43	2.39	1.40	1.44	1.43	1.47
重庆	1.95	2.05	2.34	2.30	2.13	1.72	1.88	2.20	1.37	1.53	2.13	2.19
四川	1.54	1.54	1.34	1.38	1.64	1.20	1.31	1.18	1.16	1.40	1.77	1.45
贵州	1.46	1.45	1.49	1.47	1.74	1.53	1.54	1.43	1.49	1.61	1.85	1.71
云南	1.31	1.29	1.62	1.34	1.31	1.21	1.29	1.26	1.18	1.13	1.46	1.40
西藏	2.05	1.99	1.85	1.57	2.11	1.54	1.40	1.67	1.55	1.45	1.83	1.36

续表

	2003	2004	2005	2006	2007	2008	2009	2010	2011	2012	2013	2014
陕西	1.41	1.37	1.30	1.51	1.23	1.52	1.67	1.51	1.52	1.09	1.22	1.15
甘肃	1.49	1.45	1.39	1.30	1.48	1.27	1.22	1.14	1.04	1.19	1.48	1.35
青海	1.61	1.51	1.57	1.63	2.00	1.52	1.57	1.63	1.55	1.47	2.03	1.41
宁夏	1.88	1.84	2.28	2.44	1.69	1.93	1.86	1.95	1.95	1.51	1.70	1.49
新疆	1.75	1.58	1.63	1.59	1.88	1.37	1.49	1.48	1.41	1.63	2.02	1.62

二、污染产业转移的空间路径和空间因素

本书借鉴彭可茂（2013）的方法，用当年"资产总计"中的"流动资产合计"与"固定资产累积折旧"两者之和来表示污染密集型产业的当年投资额。

（一）污染产业转移的空间路径

本节使用ArcGIS软件将污染产业转移的空间路径进行定量化分析和可视化处理。

1.1994—2014年污染产业投资

使用ArcGIS软件生成1994—2014年污染产业投资的五分位地图，观测考察期内污染产业转移的空间路径。

按照污染产业投资的规模从大到小将31个省（市、区）进行排名，分为5个等级，分别包含6、6、7、6、6个省（市、区），第1~3等级见表4-5。

表4-5　1994、2000、2006和2014年污染产业投资的重点区域[①]

	1994 年	2000 年	2006 年	2014 年
第1等级	沪、辽、冀、鲁、粤、渝	沪、辽、冀、鲁、粤、浙（↑）	辽、冀、鲁、粤、浙、晋（↑）	辽、冀、鲁、粤、浙、晋

①符号"↑"和"↓"分别表示等级上升、等级下降。

续表

	1994 年	2000 年	2006 年	2014 年
第2等级	晋、豫、湘、浙、皖、黑	晋、豫、湘、皖、苏（↑）、川（↑）	豫、苏、川、京（↑）、蒙（↑）、沪（↓）	豫、苏、川、京、蒙、津（↑）
第3等级	京、津、蒙、吉、苏、鄂、赣	京、津、蒙、吉、鄂、黑（↓）、闽（↑）	黑、津、鄂、闽、湘（↓）、皖（↓）、云（↑）	皖、湘、吉、云、桂、沪（↓）、陕（↑）

可见，中国污染密集型产业转移的空间路径有如下特点：首先，以环渤海和长三角为中心，以"晕轮模式"向周边拓展。第一中心是环渤海，以辽、冀、鲁为核心，到2006年前后拓展至晋、京、蒙，到2013年前后又进一步拓展至津、吉、陕；第二中心是长三角，以沪为中心，2000年以后逐渐拓展至浙、苏、闽。其次，污染密集型产业的转移具有显著的黏性。以第1等级为例，辽、冀、鲁、粤这四个省（区）在考察期内一直是污染产业投资的重点流入地区，即使技术条件、产业升级、环境规制、开放水平等外部因素发生了变化，也仍然无法改变这一事实。最后，离两个中心距离远的地区承接的污染产业投资相对较少。表现在：（1）西部偏远地区的比重较低。在考察期内，青、藏、疆、甘、贵、宁等西部偏远地区均处在第4或者第5等级。（2）部分中部地区的比重呈现下降趋势。黑、赣、皖、湘等离两个中心稍远的中部地区，在考察期内呈现等级下降的趋势。

综上，中国污染密集型产业的转移并不像传统理论中指出的，呈现"东—中—西"梯度转移模式。事实上，其转移模式是以环渤海为第一中心、以长三角为第二中心，以"晕轮模式"向周边邻近区域逐步拓展，呈现出显著的空间黏性和空间自相关特点。当然，也有个别例外省份，例如长期处于第2等级的四川和后期进入第3等级的云南，这需要以后进行个案分析。

2.污染产业投资的全域空间自相关性检验

为了确定污染产业投资的空间自相关性是否存在，以及这种相关性的程度有多高，本书使用Moran's I指数来检验全域空间自相关性。其表达形式如下：

$$\text{Mora's I} = \frac{N}{\sum_i \sum_j w_{ij}} \times \frac{\sum_i \sum_j w_{ij}(x_i - \bar{x})(x_j - \bar{x})}{\sum_i (x_i - \bar{x})^2} \qquad (4-5)$$

Moran's I指数可以看成是Pearson's R相关系数的空间扩展版。通常，Moran's I指数分布在[-1，1]区间，正值表示正空间相关关系，即本地区与相邻地区的变化趋势相同；负值表示负相关关系，即本地区与相邻地区的变化趋势相反。空间权重矩阵的选取方法主要有基于邻接性、基于距离和基于经济指标（如人均GDP等）三种。本书采用基于邻接性的方法，在GeoDa软件中选择Rook一阶方法来构建31个省（市、区）构建空间权重矩阵。为了消除孤岛效应，本书按照多数文献的做法，将海南省设置为与广东省相邻。由此，计算出1994—2014年的Moran's I指数（见图4-3）。

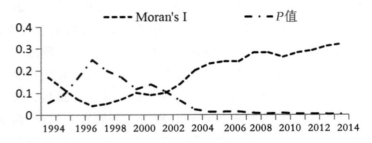

图4-3　1994—2014年的全域Moran's I值及显著性

可知，从1994年到2014年31个省（市、区）污染产业投资均呈现正的空间相关关系，尤其是1997年以后空间关联的程度逐渐提高。Moran's I指数从1997年的0.04上升到2014年的0.33，上升趋势非常明显。从Moran's I的显著性来看，从2003年开始均通过了10%的显著性水平，且显著性水平逐年提高，从0.064提高至0.002。说明自2003年以后，中国31个省（市、区）的污染产业投资存在着显著的正向空间相关关系，且相关的强度逐年提高，空间溢出效应已经成为影响污染产业投资区位选择的重要因素之一。

3.污染产业投资的局域空间自相关性检验

上述Moral's I指数是从国家层面观测31个省（市、区）空间相关性的平均水平，被称作Global Moran's I。1995年Anselin将Moran's I指数分解构建了局域空间自相关性的检验指标（Local Indicator of Spatial Association，LISA），能够对每一个区域单元的空间自相关关系进行量化分析。LISA的表达式为：

$$I_i = \frac{N \times (x_i - \bar{x})}{\sum\limits_i (x_i - \bar{x})^2} \times \sum\limits_j w_{ij} \times (x_j - \bar{x}) \tag{4-6}$$

很明显，$\sum\limits_i (I_i / N) = I$。即使Moran's I统计量不显著，仍然可以应用LISA来观测局域的空间相关模式。

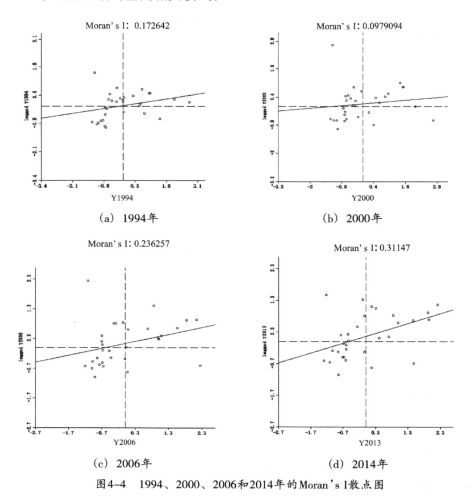

（a）1994年　　　　　　　　（b）2000年

（c）2006年　　　　　　　　（d）2014年

图4-4　1994、2000、2006和2014年的Moran's I散点图

由图4-4可知,虽然Moran's I指标显示为正值,但是具体到某个区域,其相关关系却可能呈现四种形式:(1)第一象限,高污染产业投资—高空间相关性(H-H),代表污染产业投资较高的省(市、区)被高污染产业投资的省(市、区)包围,可以称为污染产业高密集区;(2)第二象限,低污染产业投资—高空间相关关系(L-H),代表污染产业投资较低的省(市、区)被高污染产业投资的省(市、区)包围;(3)第三象限,低污染产业投资—低空间相关关系(L-L),代表污染产业投资较低的省(市、区)被低污染产业投资的省(市、区)包围,可以称为污染产业低密集区;(4)第四象限,高污染产业投资—低空间相关关系(H-L),代表污染产业投资较高的省(市、区)被低污染产业投资的省(市、区)包围。其中,第一、三象限表示正的空间相关关系,即相似值的集聚;第二、四象限表示负的空间相关关系,表示不同观测值的空间联系。

对LISA指标的显著性进行检验,将5%水平下显著的空间效应列入表4-6。

表4-6　5%显著水平下31省(市、区)污染产业投资的LISA关系

	1994 年	2000 年	2006 年	2014 年
H-H	冀、浙	冀、浙	冀、浙、鲁	冀、鲁、豫
L-L	藏、疆、青、甘、川	疆、甘	疆、甘	疆
H-L	川	川	川	川
L-H		皖、琼	皖、琼	皖

H-H 和 L-L 模式是我们重点关注的地区。从 H-H 的热点地区来看,1994—2014 年变化并不大,主要包括冀、鲁、浙,这些省(市、区)及其周边是承接污染密集型产业转移的重点区域,这也进一步证实了上文中提到的两个中心——环渤海和长三角;从 L-L 的冷点地区来看,主要包括疆、甘等西部偏远地区,这些省(市、区)及其周边接受的污染产业投资相对较少。但值得注意的是,近年来冷点地区数量大幅下降,尤其是以川、青、甘等为代表的西部省(市、区)退出了冷点地区,表明中东部地区的

污染密集型产业正在向西部地区转移，这些地区的产业结构正在发生转型。

（二）污染产业转移的空间因素

1.空间视角研究中国区际产业转移的必要性

首先，简单地将国际产业转移的研究方法引入中国区际产业转移当中并不符合我国的国情。原因在于中国区际之间的经济联系非常紧密，不能像研究国际产业转移那样可以忽略空间溢出而对某一地区单独进行分析。Tobler（1970）的地理学第一定律告诉我们，任何事物都是彼此联系的，位置相邻的地区往往具有较强的联系。中国区域之间的污染密集型产业转移发生在地理位置相近、文化背景相似、经济联系密切的地区之间，各种空间因素势必会对其产生或强或弱、或正或负的影响；并且这种影响不仅发生在相邻地区之间，还能够像波浪一样向更远的区域传播，这种多区域、多因素的叠加效应使得模型的估算变得更为复杂。

其次，不考虑空间影响可能会得出错误的推论。Galle等（1972）在 Science 上发表了一篇文章，他们用芝加哥75个社区的资料研究了生育率和人口密度之间的关系，得出了"密度越大，生育率越高"的结论。但是，1983 年 Loftin 和 Ward 在 American Sociological Review 上发表的另一篇文章对此发出质疑，后者认为前者的结论是错误的，因为前者并没有考虑到变量数据里面存在的空间依赖性。由上述争论可知，当讨论空间数据的时候，首先判断数据的空间依赖关系是至关重要的。就实证结果来看，忽略空间数据的空间依赖关系，可能导致模型的可决系数（即 R^2）被放大，高估了模型的估计效果；也会导致模型系数的估计值不再准确，可能出现高估或者低估的情况；还会导致模型系数估计值的 t 值偏高，使得对系数估计值的显著性不能进行准确判断。

再次，不考虑空间自相关性可能会导致层次谬误。层次谬误，也叫生态学谬误或区群谬误，是指由于研究的对象是由各个不同情况的个体"集合"而成的群里（组）为观察和分析单位，以及存在的混杂因素等原因，会造成研究结果与真实情况不符。其产生原因是混淆了不同层次主体的行为模式，例如省级单位的行为模式与国家单位的行为模式可能存在差异，如果将国家汇总资料中所发现的变量关系直接用来解释省级主体的行为，便有可能产生层次谬误。严格地说，宏观分析得到的统计结果只能说明宏观情况，并不能直接引申到中观或者微观层次。如果要引申，就必须满足这样的假设条件：宏观行为与中、微观行为的模式完全相同，显然，这一假设在很多实际情况中并不能普遍成立。将空间自相关关系引入研究模型，能够在一定程度上减少层次谬误的出现。

2.污染密集型产业转移中的空间自相关性

空间自相关是指这样的一个过程：一个地区的变量会对其他地区产生影响，这种影响在一定的地理距离之内是存在的，反映了"地理学第一定理"的作用。它说明邻居的作用十分重要，邻居之间有着潜在的相互依赖性。在空间维度上，几乎所有的空间数据都有可能存在空间依赖或者空间自相关特征，因此同其他的空间数据一样，区际产业转移也不可能脱离空间相关关系而存在，由于受到相邻地区市场相近、文化相似、工业布局等因素的影响，一个地区的产业转移会受到其他空间单元空间溢出效应的影响。按照空间自相关的来源因素不同，可以划分为两种：因变量的空间自相关和其他变量的空间自相关。就污染密集型产业的转移来说，可能的空间自相关包括以下两种。

（1）污染产业投资的空间自相关（空间滞后效应）

为了离需求市场更近，企业投资时倾向于将地理距离较近、基础设施便利的邻近地区纳入考虑范围，易形成围绕着大规模需求市场的商品生产区域；同时，相邻市场的消费者需求、文化背景、生活习惯等存在相似性，降低了企业的投资风险，也会造成污染密集型产业滞留原产地及其附近区域而很难向外转移。

（2）未知因素的空间自相关（空间误差效应）

一方面，相邻城市在招商引资的政策方面存在竞争关系，地方政府可能会通过税收竞争等做法来吸引投资（龙小宁等，2014）；另一方面，地方政府也可能因"向底线赛跑"而竞相降低环境规制。此外，迁移成本或沉没成本的存在，可能减慢产业转出的速度。由此提出：

假说1：中国污染密集型产业的转移存在着显著的空间自相关，包括污染产业投资的空间滞后效应和未知因素的空间误差效应。

3.污染密集型产业转移中的空间异质性

空间异质性，是与空间同质性相对的概念。空间同质性是指不同空间单元里的各种因素作用机制是一样的，空间单元呈现出相同的随机扰动情况，变异系数没有明显差异，误差项服从正态分布；而空间异质性则指的是某一空间单元中变量的作用过程与其他空间单元呈现出显著差异，误差项不再服从正态分布。另外，空间异质性与空间相关性的概念是不同的，后者强调相邻空间单元之间的交互影响作用，邻居的作用至关重要；而前者仅讨论一个空间单元与其他空间单元的差异性，并不涉及邻居的作用。事实上，由于我们能够观测到的通常只是结果，因此想要从数据上将二者区分开来是非常困难的，但是可以通过从理论上梳理出可能的影响因素在一定程度上控制空间异质性。就污染密集型产业转移来看，影响空间异质性的因素主要有三个。

（1）产业集聚

产业集聚会增加污染产业转移的黏性[①]，减缓污染产业向外转移。对于污染产业来说，环境可以视为一种投入要素，环境规制的实施将污染的外部性内在化，会增加污染企业的生产成本。但是，产业集聚可以提高环境规制的效率，在一定程度上抵消环境规制给污染企业带来的成本压力。作用机制包括三个方面：第一，内部规模经济。大型企业采购的环保设备和引进的环保技术可以多次重复利用，环保规章和监督也更加完善。第二，外部规模经济。产业集聚地区的环保项目方便进行统一监管，有利于治污设施的共享和资源的优化配置。第三，范围经济。产业集聚地区的分工更加细化，环保服务更加专业，完善的环保产业链提高了环保效率。

基于上述分析，本书提出：

假说2：产业集聚能够增加污染密集型产业的转移黏性，产业集聚与污染产业投资呈现正相关关系。

假说3：环境规制与产业集聚有着交互影响的关系，这种交互关系与污染产业投资呈现负相关关系。

---

①产业转移黏性是指存在诸多阻碍或者延缓产业转移的因素导致产业梯度转移难以循序进行，长期停留在原产地。

（2）技术创新

技术创新对污染密集型产业转移的影响表现在两个方面：首先，从静态视角来看，特定地区的初始技术水平对企业的生存和发展有着良性的影响，尤其是对于规模较大的企业更为有利。也就是说，良好的技术基础有利于吸引污染密集型产业的转入。其次，从动态视角来看，环境规制强度的提高可能会刺激技术创新，即3.2.1节中"环境规制的创新效应"。因此，本书提出：

假说4：技术基础高的地区有利于吸引污染密集型企业的进入，技术创新水平与污染密集型产业的投资正相关。

假说5：环境规制与技术创新存在交互作用，这种交互作用与污染产业投资呈现正相关关系。

（3）劳动要素和资本要素

大部分研究认为，污染密集型产业多为资本密集型的，按照要素禀赋理论，资本丰裕的地区在生产污染密集型产品方面具有比较优势。但这个结论在中国未必是成立的。原因有二：一是相对于资本来说，劳动力在中国是相对便宜的生产要素，企业在生产中倾向于多使用劳动，也就是说，在中国，生产污染密集型的产品对劳动力要素成本的敏感性可能会增大；二是按照产品生命周期理论，随着产品生命周期的延长，产品的要素密集度会发生变化，从资本密集型转向劳动密集型。当污染密集型产品的生产从发达国家转向发展中国家之后，其要素密集度可能也随之转为劳动密集型。

因此，在中国污染密集型产业的区际转移过程中，劳动力是一个重要的影响因素。在劳动力丰裕和便宜的地区，污染密集型产品的生产成本相对较低，这些地区会吸引区域外的污染密集型产业向区域内转移；反之，当一个地区劳动力成本不断攀高，会增加污染密集型产品的生产成本，此类产业会逐渐外移。

假说6：在中国，劳动力要素对污染密集型产业转移的影响是显著的，劳动成本与污染产业投资呈现负相关关系。

三、环境规制强度影响污染产业投资区位的实证分析

（一）空间计量模型的选择

前文中ArcGIS结果显示在中国污染密集型产业的区际转移过程中存在着显著的空间相关关系，下面我们将筛选合适的空间计量模型来分析污染密集型产业转移的空间因素。

包含因变量空间自相关的空间滞后模型（SLM），可表示为：

$$Y = \lambda WY + \beta X + \varepsilon$$
$$\varepsilon \sim N(o, \sigma^2)$$

$$(4-7)$$

其中，λ表示因变量的空间自相关系数，W是空间权重矩阵，在实证检验中常作标准化处理。X和Y分别表示自变量和因变量，ε表示误差项，λWY表示相邻单元的因变量对本地区因变量的影响，这种影响并不像其表面看起来的那么简单。许多学者认为λ代表"邻近地区因变量Y的变化所引起的本地区Y的变化"，事实上这种理解并不准确。将式（4-1）等号两边的因变量Y合并，可得：

$$Y = (I + \lambda W + \lambda^2 W + \cdots)X\beta + (I + \lambda W + \lambda^2 W + \cdots)\varepsilon$$

$$(4-8)$$

式（4-8）和（4-7）对比可知，周边地区因变量Y对本地区Y的影响可以分解为，邻居、邻居的邻居……自变量X对本地区因变量Y的影响，以及邻居、邻居的邻居…误差项对本地区因变量Y的影响。

包含误差项空间自相关的空间误差模型（SEM），可表示如下：

$$Y = \beta X + u$$
$$u = \rho W u + \varepsilon$$
$$\varepsilon \sim N(0, \sigma^2)$$

$$(4-9)$$

其中，u代表空间误差项，可分为随机误差ε和空间误差$\rho W u$两部分。ρ代表空间误差的系数，估计了未知因素对Y的空间影响。同样的，这种影

响也不像其表面看起来的那么简单，将求（4-9）等式两边的 Y 合并，可得。

$$Y = X\beta + (I + \rho W + \rho^2 W + \cdots)\varepsilon \qquad (4\text{-}10)$$

式（4-10）和式（4-9）对比可知，未知因素对因变量 Y 的影响可分解为邻居、邻居的邻居……误差项 ε 对本地区因变量 Y 的影响。

同时包含因变量空间自相关和误差项空间自相关的空间自相关模型（SAC）[1]，可表示如下：

$$
\begin{aligned}
Y &= \lambda WY + \beta X + u \\
u &= \rho Wu + \varepsilon \\
\varepsilon &\sim N(0, \sigma^2)
\end{aligned}
\qquad (4\text{-}11)
$$

为了考虑时间因素和空间因素的影响，将滞后一期的因变量纳入SAC模型当中，从而形成动态空间自相关模型（DSAC），表示如下：

$$
\begin{aligned}
Y &= \alpha Y_{-1} + \lambda WY + \beta X + u \\
u &= \rho Wu + \varepsilon \\
\varepsilon &\sim N(0, \sigma^2)
\end{aligned}
\qquad (4\text{-}12)
$$

其中，Y_{-1} 代表滞后一期的因变量 Y，α 代表模型中的时间作用。值得注意的是，由于空间计量模型是最近几年兴起的，虽然近两年有学者将DSAC模型应用于实证分析（于彬彬，2015；韩永辉等，2015），但由于误差项的空间交互作用会对动态空间计量模型的估计偏误产生影响（陶长琪、周璇，2016），学术界对于类似DSAC这类复杂模型的估计性质尚未形成统一的认识，计量理论和工具并不完善，因此，本书将DSAC结果列出供参考。

（二）变量测度和数据说明

关于因变量，本书借鉴彭可茂等（2013）的方法，选择地区污染产业年度投资额作为污染密集型产业投资区位转移的衡量指标，即用当年"资产总计"中的"流动资产合计"与"固定资产累计折旧"两者之和来表示

---

[1]也有论文将此类模型称为广义空间计量模型（GSM）。

当年的污染产业投资额。数据来源于《中国工业经济统计年鉴》和《中国统计年鉴》。

以ZSGZ（环境规制强度）为自变量，同时引入三个拓展变量：环境规制的平方项（ZSGZ^2）、产业集聚和环境规制强度的交叉项（CYJJ × ZSGZ）和技术创新与环境规制强度的交叉项（CX × ZSGZ）。

引入四个控制变量：LB（劳动力成本）、PC（人均资本存量）、CYJJ（产业集聚）、CX（技术创新）。借鉴杨振兵等（2015）的方法，LB的衡量指标是各地区工资总额与工业总产值的比重；PC是资本存量与工业从业人数的比值，借鉴陈诗一（2011）的方法计算资本存量；CYJJ的衡量指标是各地区污染密集型产业的工业总产值在全国的区位熵；借鉴原毅军和谢荣辉（2015）的方法，选择各地区专利申请受理量作为CX变量的衡量指标，数据来源于《中国科技统计年鉴》。至于ZSGZ，本书首先构建三个单项指标，即工业废水治理成本（工业废水污染治理投资完成额/工业废水排放强度）、工业废气治理成本（工业废气污染治理投资完成额/工业废气排放强度）和工业固体废弃物治理成本（工业固体废弃物污染治理投资完成额/工业固体废弃物排放强度），然后参照傅京燕和李丽莎（2010）的方法，构建地区环境规制强度的综合评价指数，数据来源于《中国环境统计年鉴》和《中国统计年鉴》。

为了减弱变量的异方差性，实证分析中对变量取对数纳入模型。工业投资额、资本存量、污染治理投资完成额均换算成2003年的固定价格。数据的描述性统计见表4-7。

表4-7 数据的描述性统计

变量	Y	ZSGZ	LB	PC	CX	CYJJ
指标说明	工业年度投资额	环境规制强度	劳动成本	人均资本存量	技术创新	产业集聚水平
单位	亿元	–	%	万元/人	件	%
均值	2174.21	1.99	13.75	110.51	30570	1.42
中位数	1538.76	1.53	10.98	91.33	10310	1.16
最大值	9834.35	11.97	151.29	626.50	504500	7.15
最小值	66.08	0.01	3.26	28.54	124	0.53
标准差	1934.80	1.59	13.24	72.75	58529	0.88

（三）全国层面的实证结果分析

使用ADF统计量对变量进行单位根检验，经一阶差分后在5%的显著水平上均拒绝了原假设，认为均是一阶单整变量。Kao检验（推广的ADF面板协整检验法）输出统计量的t值为-4.846，对应的P值为0，认为面板数据存在协整关系。由于各自变量之间的相关系数均在0.5之下，因此认为不存在严重的多重共线性。Hausman检验结果显示，Chi-Sq.统计量为72.13，对应的P值为0，拒绝原假设，选择固定效应模型。

接下来进行空间相关性检验。首先，使用模型的Moran's I指数来检验残差项是否存在空间相关性。Matlab软件显示，残差项的Moran's I指数为0.130，边际概率等于0.0004，因此拒绝了模型残差项不存在空间效应的原假设，认为存在空间误差效应。然后，使用LM检验来确定空间相关的形式。由表4-8可知，Robust LMlag和Robust LMer统计量都是显著的。表示模型的空间相关性是肯定存在的，但究竟是空间滞后效应、空间误差效应，还是两者都存在，具体的模型形式需要进一步的实证检验来判断。本书将分别使用OLS、SEM、SLM、SAC和DSAC五种模型进行对比分析。

表4-8　空间相关性检验的结果

指标	Moran's I	LMlag	LMer	Robust LMlag	Robust LMer
检验值	0.13	0.895	10.57	8.752	18.41
概率	0.0004	0.344	0.001	0.003	0.0001

基于公式（4-7）（4-9）（4-11）（4-12），对全国层面下污染密集型产业省际转移的空间因素进行实证分析，R软件的运行结果见表4-9。

表4-9　　2003—2014年中国省际污染密集型产业转移的空间因素①

	OLS 模型	SLM 模型	SEM 模型	SAC 模型	DSAC 模型	SAC 模型	SAC 模型
	模型（1）	模型（2）	模型（3）	模型（4）	模型（5）	模型（6）	模型（7）
ZSGZ	−0.047***	−0.031***	−0.048***	−0.033***	−0.019**	−0.033***	−0.033**
	(−16.89)	(−2.62)	(−3.74)	(−2.83)	(−2.22)	(−2.81)	(−2.31)
LB	−0.237***	−0.21***	−0.236***	−0.172***	−0.113***	−0.169***	−0.18***
	(−3.47)	(−7.53)	(−8.3797)	(−7.35)	(−5.76)	(−7.21)	(−6.85)
PC	0.520***	0.274***	0.523***	0.189***	0.008	0.182***	0.175***
	(13.96)	(6.34)	(14.94)	(3.81)	(0.21)	(3.70)	(3.56)
CYJJ	0.252***	0.230***	0.251***	0.192***	0.104***	0.190***	0.213***
	(5.75)	(5.90)	(6.10)	(5.85)	(3.69)	(5.79)	(5.54)
CX	0.327***	0.249***	0.327***	0.187***	0.088***	0.184***	0.170***
	(17.01)	(11.98)	(18.13)	(7.67)	(4.87)	(7.53)	(6.26)
ZSGZ^2							−0.0003
							(−0.0008)
CYJJ × ZSGZ							−0.014
							(−0.61)
CX × ZSGZ							0.003
							(0.85)
λ		0.331***		0.519***	0.109**	0.531***	0.549***
		(7.34)		(7.86)	(2.40)	(8.07)	(8.48)
ρ			−0.232***	−0.519***	−0.036	−0.524***	−0.465***
			(−2.88)	(−6.38)	(−0.32)	(−4.69)	(−4.02)
					0.730***		
					(18.98)		
LIK		243.70	223.09	54.02	110.65	54.92	52.11
$\bar{R}^2$	0.983	0.940	0.931	0.853	0.986	0.853	0.853

注：符号*、**和***分别表示在10%、5%和1%水平下对应系数是显著的。括号中是 t 值。

① 由于数据限制，实证分析中研究时段为2003—2014年，研究对象为30省（市、区）（剔除西藏自治区）。

1.空间计量模型的适用性

本书选择基于SAC的模型（4)作为基准模型，原因有三：其一，空间滞后效应和空间误差效应同时存在。模型（2)λ的估计值为正且显著，说明模型存在正空间滞后效应；模型（3)ρ的系数为负且显著，说明模型存在负空间误差效应；再结合LIK统计量[1]可知，模型（4）的LIK值远小于模型（2)和（3）。其二，不考虑空间效应的OLS模型不可信。基本模型（1）和（2)—（4)的对比分析可知，忽略空间效应的OLS模型高估了部分自变量的作用。虽然OLS模型的可决系数较高，但其Durbin-Watson统计量为1.01，表明存在严重的自相关，这正是由于忽略了空间自相关效应所导致的。其三，SAC模型比DSAC模型更加稳定。通过比较模型（4)和（5)可知，SAC的LIK值远低于DSAC的LIK值，SAC模型更优；此外，DSAC模型的个别系数（如PC和ρ）估计值不稳定。

2.污染产业转移中的空间自相关

首先，相邻省（市、区）污染产业投资对本地区的影响。由模型（4)可知，因变量空间自相关的系数λ估计值为0.519，且在1%水平下显著。表明模型存在着显著的空间滞后效应，相邻省（市、区）承接的污染产业投资与本地区的污染产业投资呈正相关关系。可见，污染密集型产业的转移多发生在相邻的省（市、区）之间，周边地区同类产业投资的增加有利于带动本区域污染密集型产业的繁荣，这为本书前面提出的"晕轮模式"提供了实证支撑。

其次，相邻省（市、区）其他因素对本地区的影响。由模型（4）可知，误差项空间自相关的系数ρ估计值为-0.519，且在1%水平下显著。说明模型存在着显著的空间误差效应，即存在着其他空间相关的变量，如竞争性的政府行为影响企业的投资决策、便利的交通削弱了距离因素的约束性等，使得相邻省（市、区）的误差项与本地区污染产业投资呈负相关关系。

---

[1]本书估计空间计量模型中系数采用的是极大似然法（Maximum Likelihood，ML），因此可决系数失效，模型拟合程度的判断指标主要是Log Likelihood（LIK）统计量。

可见，假说1是成立的。

3.控制了空间自相关后污染产业转移的影响因素

首先，较高的产业集聚强度和技术创新水平增加了污染密集型产业的转移黏性。由表4-9可知，产业集聚和技术创新与因变量之间都呈现正相关关系且显著，在模型（1）—（7）中都是稳健的。说明产业集聚地区的外部规模经济以及技术创新所代表的区域发展竞争力，对于污染密集型企业都有着强烈的吸引力，甚至能够在一定程度上抵消其他不利因素的影响，使得污染密集型产业附着在原产地而不发生转移。可见，假说2和假说4是成立的。

其次，提高环境规制水平能够推动污染密集型产业向外转移。由表4-9可知，环境规制水平与因变量呈现负相关关系，且在1%水平下显著，在模型（1）—（7）中都是稳健的。说明本地区提高环境规制水平确实能够增加污染密集型企业的生产成本，从而使其减少在本地区的投资而向外转移。这就验证了"污染避难所假说"在全国省际层面的存在性。

再次，丰裕的资本要素增加了污染密集型产业在发达地区的转移黏性，但高企的劳动力成本却显著地推动此类产业外移。模型（1）—（7）均表明，劳动力成本的估计系数为负值且显著。说明在中国污染密集型产业转移中，劳动成本是一个非常重要的影响因素，随着劳动者工资水平的不断攀升，发达地区污染密集型产业的外迁压力正在日益增加。同时，模型（1）—（4）、（6）、（7）表明，人均资本的估计系数为正值且显著，说明资本要素丰裕的地区有利于吸引更多的污染产业投资。

可见，假说6是成立的。

4.对环境规制二次项和交叉作用的检验

首先，为了验证环境规制强度与污染密集型产业转移的非线性特征引入拓展模型（6）。一些学者认为，环境规制的"挤出效应"和"创新补偿效应"会先后发挥作用，使得污染密集型产业的转移呈现先转出后转入的"U"形特征（张彩云、郭艳青，2015）。为了验证这种影响，本书引入环境规制的二次项ZSGZ^2。模型（6）的计量结果显示，ZSGZ^2的系数不显著，也就是说这种"U"形特征在全国层面上并不成立。

其次，为了验证假说3和假说5引入环境规制的交叉项。拓展模型（7）的实证结果显示，技术创新和环境规制的交叉项CX×ZSGZ的系数为正，但并不显著，无法为"波特假说"在中国省际层面的存在提供有效证据，也就是说，通过提高环境规制来刺激创新的做法可能是无效的，假说5在全国层面并不成立；另一方面，产业集聚与环境规制的交叉项CYJJ×ZSGZ的系数为负，但仍然不显著，无法证明假说3是否成立，需要进一步在三大区域层面进行验证。

（四）区域层面的实证结果分析

下面分别对中国东、中、西部地区进行实证检验。其中，东部地区包括北京、天津、河北、辽宁、上海、江苏、浙江、福建、山东、广东、广西、海南共计12个省（市、区）；中部地区包括山西、内蒙古、吉林、黑龙江、安徽、江西、河南、湖北、湖北共计9个省（区）；西部地区包括重庆、四川、贵州、云南、陕西、甘肃、青海、宁夏、新疆共计9个省（市、区）。SAC模型的实证结果见表4-10。

1.三大区域层面污染产业区际转移的共同特征

首先，从三大区域内部来看，污染密集型产业转移同样存在着显著的空间相关关系。可知，空间滞后效应的系数λ均为正值，而空间误差效应的系数ρ均为负值，且都在统计上显著。这进一步证实了假说1的成立。其次，污染产业投资对劳动力成本非常敏感，污染密集型产业倾向于流向劳动成本较低的地区。9个模型中，劳动成本LB的估计系数都是负值且显著，进一步证实了假说6的成立。再次，较高的产业集聚水平能够吸引更多的污染产业投资。在三大区域中，区位熵CYJJ与因变量都呈现正相关关系且显著，说明不论是经济发达地区还是欠发达地区，污染密集型企业都倾向于集聚式发展，进一步证实了假说2的成立。从次，良好的技术基础有利于吸引更多的污染产业投资。9个模型当中，技术创新水平CX的估计系数均为正值且显著，进一步证实了假说4的成立。最后，环境规制通过刺激创新来吸引更多污染产业投资的作用不显著。在9个模型中，虽然技术创新与环境规制的交叉项CX×CYJJ系数为正值，但均不显著，说明假说5在三大区域层面仍然是不成立的。

表4-10　东、中、西部污染密集型产业转移的影响因素

	东部地区			中部地区			西部地区		
	模型1	模型2	模型3	模型1	模型2	模型3	模型1	模型2	模型3
ZSGZ	−0.013	−0.012	0.031	−0.054**	−0.062**	−0.065*	−0.019	−0.020	−0.035
	(−0.87)	(−0.81)	(1.35)	(−2.01)	(−2.40)	(−1.83)	(−0.68)	(−0.71)	(−0.98)
LB	−0.169***	−0.175***	−0.185***	−0.291***	−0448***	−0.313***	−0.205**	−0.213**	−0.200**
	(−5.72)	(−5.86)	(−5.86)	(−3.55)	(−5.35)	(−3.54)	(−2.57)	(−2.58)	(−2.57)
PC	0.328***	0.315***	0.375***	0.140	−0.014	0.160*	0.116	0.114	0.103
	(3.52)	(3.46)	(4.06)	(1.59)	(−0.15)	(1.83)	(1.01)	(1.00)	(0.90)
CYJJ	0.188***	0.194***	0.301***	0.367***	0.577***	0.386***	0.211**	0.220**	0.181*
	(4.18)	(4.26)	(4.06)	(3.23)	(4.98)	(3.25)	(2.13)	(2.17)	(1.79)
CX	0.193***	0.191***	0.163***	0.118**	0.112**	0.131**	0.263***	0.265***	0.232***
	(5.42)	(5.48)	(3.64)	(2.53)	(2.55)	(2.19)	(5.45)	(5.49)	(3.93)
ZSGZ^2		0.023			−0.016***			0.003	
		(1.01)			(−3.88)			(0.34)	
CYJJ × ZSGZ			−0.321***			0.029			0.020
			(−2.77)			(0.36)			(0.61)
CX × ZSGZ			0.001			0.005			0.006
			(0.002)			(0.04)			(0.62)
λ	0.423***	0.443***	4.223***	0.589***	0.608***	0.540***	0.433***	0.428***	0.479***
	(4.02)	(4.35)	(4.03)	(4.83)	(5.32)	(4.58)	(3.52)	(3.55)	(3.78)
ρ	−0.199**	−0.169*	−0.214**	−0.330**	−0.165*	−0.271**	−0.143*	−0.135*	−0.179*
	(−2.11)	(−1.79)	(−2.35)	(−2.69)	(−1.81)	(−2.19)	(−1.52)	(−1.50)	(−1.53)
LIK	28.55	29.86	26.78	−7.49	−4.48	−1.62	7.02	6.87	8.72

注：符号*、**和***分别表示在10%、5%和1%水平下对应系数是显著的。括号中是t值。

2.三大区域层面污染产业区际转移的异质性特征

首先，环境规制对污染密集型产业转移的影响，在三大区域的表现并

不相同：在中部地区提高环境规制能够对污染密集型产业的转入起到较强的抑制作用；在东部地区选择污染产业集聚地区来加强环境规制能够起到事半功倍的效果；而在西部地区环境规制的作用则相对较弱。在中部地区的模型（2）中，环境规制ZSGZ及其二次项ZSGZ^2的系数均为负值且显著，表明环境规制强度与污染产业投资之间呈现出非线性的负相关关系，环境规制强度的提高会导致污染密集型产业加速外移；在东部地区的模型（3）中，产业集聚和环境规制的交叉项CYJJ×ZSGZ的系数为负值且显著，表明在产业集聚水平较高的地区加强环境规制能够抑制污染密集型产业的转入，这说明假说3在东部地区是成立的；而在西部地区的三个模型当中，含有环境规制的自变量系数均不显著，无法证明环境规制与污染密集型产业转移之间的相关关系，政府的环境规制政策对污染密集型企业的影响有限。其次，资本要素在东部地区污染密集型产业的转移过程中起着显著的作用，但在中部和西部地区资本要素的作用相对较弱。由东部地区模型（1）—（3）可知，人均资本PC的系数为正值，且在1%水平下显著，说明东部地区污染密集型产业的转移对资本要素较为敏感，人均资本丰裕的地区会吸引更多的污染产业投资；而这一效应在中部和西部地区并不显著。

四、污染产业转移的行业异质性特征

现有文献大多将污染密集型产业作为一个整体来展开研究，但实际上，尽管不同学者的划分标准不同，污染密集型产业都是由分属不同类别的多个行业所构成。这些行业在要素密集度、环境政策、技术水平、规模经济、产业链关系等方面存在差异，这可能会导致环境规制对污染密集型产业转移的影响存在行业异质性。按照《中国统计年鉴》的划分标准，本书将列为研究对象的八类污染密集型产业分为三类：（1）采矿类：煤炭开采和洗选业、黑色金属矿采选业、有色金属矿采选业以及其他采矿业；（2）制造业类：造纸及纸制品业、黑色金属冶炼及压延加工业和非金属矿物制品业；（3）电力类：电力、热力生产和供应业。

（一）三类污染产业转移的空间特征

使用Arcgis软件将污染产业转移的空间路径进行定量化分析和可视化处理。

1.1999—2014年污染产业投资

按照污染产业投资的规模从大到小将31个省（市、区）进行排名，分为5个等级，分别包含6、6、7、6、6个省（市、区），将其中第1和第2等级的省（市、区）作为污染产业投资的重点区域，列入表4-11。

可知，不同类别的污染密集型产业在转移路径方面存在着显著差异。就采矿类污染密集型产业来说，主要分布在中部和西部地区，1999—2014年其转移路径是以晋、冀、鲁、陕、豫、蒙、辽、皖、川为主体，逐渐由湘、苏和黑地区向云贵和京津地区拓展；就制造业类污染密集型产业来说，主要分布在东部和中部地区，其转移路径是以苏、粤、沪、浙、辽、冀、鲁、湘、豫、川为主体，逐渐由晋、京等地区向津、皖等地区拓展；而电力类污染密集型产业的主要分布区域与制造业类产业相似，主要分布在东部和中部地区，其转移路径是以苏、粤、浙、辽、冀、鲁、湘、沪、豫、川为主体，逐渐由鄂、湘等地区向京、蒙等地区拓展。总之，采矿类污染密集型产业以中西部资源丰富地区为主体向云贵和京津地区转移，制造业类和电力类产业则以东中部经济发达地区为主体分别向津、皖地区和京、蒙地区拓展，污染产业转移的空间路径呈现出行业异质性特征。

表4-11　1999、2005、2010和2014年污染产业投资的重点区域[①]

	1999 年	2005 年	2010 年	2014 年
采矿类	辽、冀、鲁、晋、豫、黑、蒙、陕、苏、皖、川、鄂（↓）	辽、冀、鲁、晋、豫、皖、黑（↓）蒙、陕、苏（↓）川、云（↑）	冀、鲁、晋、陕、蒙、皖、辽、川、云、京、津（↑）	豫、冀、鲁、晋、豫、蒙、津、陕、皖、辽、川、京、贵（↑）

---

①符号"↑"表示本期新进入，"↓"表示下期将退出。

续表

	1999 年	2005 年	2010 年	2014 年
制造业类	辽、冀、鲁、苏、粤、沪、京、湘、川、浙、晋（↓）	辽、冀、鲁、苏、粤、沪、京（↓）豫、湘、川、浙、津（↑）	辽、冀、鲁、苏、粤、浙、沪、豫、湘、川、津、闽（↑）（↓）	辽、冀、鲁、苏、豫、浙、粤、沪、津、湘、川、皖（↑）
电力类	冀、鲁、苏、浙、粤、豫、辽、沪、川、闽、湘（↓）、鄂（↓）	冀、鲁、苏、浙、粤、辽、京（↑）沪、豫、蒙（↑）川、闽（↓）	冀、京、鲁、苏、浙、粤、沪、豫、湘（↑）、辽、蒙、川	冀、京、鲁、苏、浙、粤、沪、豫、湘、辽、蒙、川

2.三类污染产业投资的全域空间自相关性检验

按照上文所述，使用Moran's I指数来检验全域空间自相关性，由此计算出Moran's I（见表4-12）。

表4-12　1999—2014年三类污染密集型产业投资的Moran's I指数

	1999	2001	2003	2005	2007	2008	2009	2010	2011	2012	2013	2014
采矿类	0.326	0.331	0.297	0.285	0.334	0.356	0.368	0.348	0.343	0.343	0.256	0.357
制造业类	0.142	0.213	0.306	0.398	0.373	0.373	0.375	0.297	0.29	0.299	0.295	0.338
电力类	−0.129	−0.076	−0.066	−0.077	−0.051	0.035	−0.02	−0.029	−0.032	−0.046	−0.044	−0.087

注：采矿类的Moran's I均通过1%显著性检验，制造业类均通过5%显著性检验，电力类均不显著。

可知，1999—2014年污染密集型产业投资的空间相关性存在着行业异质性。采矿类投资的Moran's I一直保持在0.3左右，且在1%水平下显著；制造业类投资则从1999年的0.142逐渐上升至2005年的0.398，近年来也保持在0.3左右，并且在5%水平下显著；而电力类投资的Moran's I为负值，且均不显著。这说明，采矿类和制造业类污染密集型产业投资存在着显著的空间溢出效应（即正空间相关关系），而电力类污染密集型产业投资的空间相关性则较弱。

3.三类污染产业投资的局域空间自相关性检验

由上文LISA指标的计算公式可知，即使Moran's I统计量不显著，仍然可以应用LISA来观测局域的空间相关模式。

对LISA指标的显著性进行检验，将5%水平下显著的空间效应列入表4-13：

表4-13　三类污染产业投资的热点地区和冷点地区

		1999 年	2005 年	2010 年	2014 年
采矿类	H-H	冀、晋、豫、蒙	冀、豫	冀、晋、豫、陕	冀、晋、豫
	L-L	川	鄂	鄂、粤	鄂、粤、赣、闽
制造业类	H-H	浙	浙、鲁	浙、鲁	浙、鲁
	L-L	新、甘、宁	新、甘	新、甘	新、甘
电力类	H-H		闽	闽	闽
	L-L	新	新、甘	新	新

由表4-13可知：（1）从重点地区（包括热点地区H-H和冷点地区L-L）的数量来看，采矿类最多，其次是制造业类，而电力类则最少，这从侧面验证了前两类污染密集型产业的投资存在着显著的空间相关关系，而电力类的空间相关性则较弱；（2）从时间跨度上来看，三类污染密集型产业投资的重点地区在1999—2014年变化都不大，显示出强烈的转移黏性，尤其是制造业类和电力类污染密集型产业更为显著；（3）三类产业分布的重点不同，采矿类污染密集型产业主要分布在华北地区，制造业类污染密集型产业主要分布在东部沿海地区，而电力类污染密集型产业则主要分布在珠三角地区。

（二）数据来源

变量的指标选择和数据来源与4.3节大体相同。区别有三处：（1）因变量中，污染密集型产业投资分为三类：采矿类、制造业类和电力类（分别用YA、YB、YC表示）；（2）自变量中，产业集聚指标也分为三类，分别用CYJJA、CYJJB、CYJJC表示；（3）自变量中，为了反映资源要素对三类污染密集型产业转移的影响添加了资源要素变量，选择采掘业从业人员占各地区工业企业就业人数的比重来衡量（张彩云、郭艳青，2015；刘金林、冉茂生，2015）。考察时段为2003—2014年。数据的描述性统计如表4-14。

表4-14 数据的描述性统计

变量	YA	YB	YC	ZSGZ	ZY	LB	PC	CX	CYJJA	CYJJB	CYJJC
指标说明	工业投资额			环境规制	资源要素	劳动成本	人均资本存量	技术创新	产业集聚		
单位	亿元			–	%	%	万元/人	件	%		
均值	1010	2021	664	2.0	15	19	144	64540	1.62	1.24	1.82
中位数	404	663	123	1.5	13	11	989	11437	1.27	1.08	1.14
最大值	28988	59319	27987	12.0	55	234	1892	2234560	11.31	5.07	12.49
最小值	7	6	0	0.0	0	3	29	24	0.40	0.29	0.00
标准差	3021	6116	2351	1.6	11	32	189	225231	1.25	0.72	2.10

（三）实证分析

1.Hausman检验、LM检验和Moran's I检验

由表4-15可知，三类产业的Hausman检验均拒绝了原假设，因此应当选择固定效应模型，拒绝随机效应模型。在空间计量模型的选择方面，可以综合Robust LM检验（简写为RLM）和Moran's I检验来进行初步筛选。（1）采矿类。由于RLM-lag和RLM-error统计量均在1%水平下显著，因此认为SAC模型是合适的；但由于Moran's I统计量并不显著，误差项的空间相关性需要进一步研究，因此SLM模型也可能是合适的。（2）制造业类。由于RLM-lag统计量不显著，说明SLM模型不适用；而RLM-error统计量和Moran's I统计量均在1%水平下显著，证实了误差空间相关性的存在，因此

SEM 模型是合适的。　（3）电力类。上述统计量的结果与采矿类相似，因此可以尝试采用SAC或者SLM模型。

表4-15　模型的Hausman检验、LM检验和Moran's I检验

		采矿类	制造业类	电力类
Hausman 检验	Chisq 值	22.877	2410.1	461.79
	P 值	0.0008	0.000	0.000
Robust LM检验	RLM-lag	58.718	0.173	32.100
	P 值	0.000	0.678	0.000
	RLM-error	30.925	15.016	10.744
	P 值	0.000	0.000	0.001
Moran's I检验	Moran's I统计量	0.871	4.614	−0.0619
	P 值	0.384	0.000	0.951
空间模型选择		SAC 或者SLM	SEM	SAC 或者SLM

2.三类污染产业基本模型的实证结果

R 软件的运行结果见表4-16。

（1）模型的选择

对采矿类来说，选择SLM模型最优。与SLM相比，SAC模型的Likelihood值较高，模型拟合度不好；同时，滞后效应和误差效应的估计系数变得不显著。因此，选择SLM模型作为基准模型。

对制造业类来说，选择SEM模型最优。与SEM相比，SAC模型的Likelihood值较高，模型拟合度不好；同时，个别自变量的估计值偏差较大，如技术创新CX变量的系数估计值为负值。因此，选择SEM作为基准模型。

对电力类来说，选择SAC模型最优。与SLM相比，SAC模型的Likelihood值较低，模型拟合度更好；同时，滞后效应λ和误差效应ρ的估计系数都

非常显著，两者均不能忽视。因此，选择SAC作为基准模型。

同时，为了方便对比，本书将OLS方法的实证结果列入表4-16中。

表4-16　2003—2014年中国省际污染产业转移的空间因素

	采矿类			制造业类			电力类		
	OLS	SLM (最优)	SAC	OLS	SEM (最优)	SAC	OLS	SLM	SAC (最优)
ZSGZ	0.173**	0.153**	0.141**	0.004	0.035	−0.013	−0.005	−0.027**	−0.020*
	(2.53)	(2.51)	(2.27)	(0.12)	(1.14)	(−0.88)	(−0.18)	(−2.27)	(−1.85)
ZY	0.720***	12.93***	0.611***	−0.042**	−0.064***	−0.040***	0.009	−0.006	−0007
	(14.39)	(12.93)	(13.01)	(−2.05)	(−3.06)	(−2.78)	(0.48)	(−0.51)	(−0.59)
LB	−0.535***	−0.415***	−0.348***	−0.647***	−0.534***	−0.147***	−0.422***	−0.162***	−0.105***
	(−5.53)	(−3.87)	(−3.87)	(−14.64)	(−11.03)	(−5.37)	(−8.06)	(−5.96)	(−4.67)
PC	0.466***	0.615***	1.034***	0.217***	0.159***	0.168	0.114***	0.354***	0.120**
	(4.98)	(9.36)	(11.84)	(5.00)	(3.10)	(0.30)	(2.84)	(10.12)	(2.50)
CYJJ	0.400***	0.214***	0.693***	0.658***	0.707***	0.214***	0.508***	0.237***	0.150***
	(7.27)	(4.12)	(8.32)	(13.67)	(14.03)	(7.33)	(8.94)	(6.89)	(5.23)
CX	0.569***	0.234***	0.278***	0.527***	0.546***	−0.032	0.489***	0.142***	0.051**
	(14.30)	(4.73)	(6.67)	(29.10)	(29.41)	(−1.37)	(29.32)	(8.20)	(2.33)
λ		0.393***	0.950			1.001***		0.370***	0.777***
		(8.28)	(0.06)			(14.01)		(7.84)	(10.51)
ρ			0.187		0.347***	−0.532***			−0.625***
			(0.62)		(5.69)	(−3.42)			(−5.21)
LIK		−436.97	−115.82		−189.48	5.86		226.4	58.19
$\overline{R}^2$	0.65			0.86			0.78		

注：符号*、**和***分别表示在10%、5%和1%水平下对应系数是显著的。括号中是t值。

（2）三类行业层面污染产业区际转移的共同特征

第一，污染产业投资对劳动力成本非常敏感，污染密集型产业倾向于流向劳动成本较低的地区。在三类产业的9个模型当中，劳动成本LB的估计系数都是负值，且均在1%水平下是显著的，说明劳动成本与污染产业投资之间的负相关关系，进一步证实了假说6的成立。第二，人均资本存量与三类污染密集型产业投资呈正相关关系，污染密集型产业倾向于向资本丰裕的地区转移。在9个模型中有8个模型中这一关系都是显著的。第三，较高的产业集聚水平能够吸引更多的污染产业投资。在三类产业中，区位熵CYJJ与因变量都呈现正相关关系，且均在1%水平上显著，说明不论其行业分布如何，污染密集型企业都倾向于在某一地区集聚式发展，进一步证实了假说2的成立。第四，良好的技术基础有利于吸引更多的污染产业投资。在8个模型中，技术创新水平CX系数的估计值均为正值且显著，说明技术水平的提高会吸引更多的污染产业投资，进一步证实了假说4的成立。

（3）三类行业层面污染产业区际转移的异质性特征

第一，环境规制的作用不同。对于采矿类，环境规制的系数为正且显著，说明提高环境规制有利于吸引更多污染产业投资，这可能是由于"创新补偿"作用，需要进一步验证。对于电力类，环境规制的系数为负且显著，说明提高环境规制对此类产业的投资有明显抑制作用，这就为PHH在电力类污染密集型产业的成立提供了证据。对于制造业类，环境规制系数的估计值并不显著，在三个模型中均是如此，可能的原因有两个：一是制造业类污染产业包含的细分行业较多，行业之间的差异比较大从而导致总体的环境规制效应不显著，这有待进一步深入研究；二是不少制造业类产品的生产离销售市场比较近，这种"市场接近效应"在一定程度上抵消了环境规制的作用，导致环境规制系数不显著。

第二，资源要素的作用不同。对于采矿类，资源要素的系数为正且非常显著，说明资源丰富的地区也正是此类污染产业投资较多的地区，这反映了采矿类污染产业的资源密集型特征。而对于制造业类和电力类，资源要素与因变量呈现弱负相关关系，说明资源禀赋对此类产业投资的影响并不大，换句话说，污染密集型产业未必是资源密集型产业。在4.3节对污染密集型产业整体的实证分析中，资源要素与因变量之间的关系并不显著，正是源于此原因。

五、本章小结

基于省级工业行业面板数据，首先使用Moran's I指数和LISA指数深入剖析了污染密集型产业转移的空间路径，然后将空间滞后效应和空间误差效应纳入空间自相关模型，实证研究了污染密集型产业区际转移的空间因素，主要结论如下：

第一，污染密集型产业的区际转移具有显著的路径依赖特点。一方面，转移路径呈现出"晕轮模式"。以环渤海的辽、冀、鲁为第一中心，逐渐向晋、京、蒙，而后又向津、吉、陕拓展；以长三角的沪为中心，逐渐向浙、苏、闽拓展。另一方面，呈现出显著的转移黏性。辽、冀、鲁、粤这四个省（区）从2003年至今一直是污染产业投资的重点流入地区，即使技术条件、产业结构、环境规制、开放水平等外部因素发生了变化，仍然无法改变这一事实。

第二，污染密集型产业转移过程中的空间相关关系可以分解为空间滞后效应和空间误差效应。其中，空间滞后效应为正值，表现为相邻省（区）的污染产业投资的增加会导致本地区污染产业投资的增加；空间误差效应为负值，表现为相邻省（区）其他因素与本地区污染产业投资负相关，如竞争性的政府行为影响企业的投资决策、便利的交通削弱了距离因素的约束性等。忽略空间相关关系，会导致模型的估计结果失效。

第三，环境规制对污染产业投资有着抑制作用，但在东、中、西部的表现存在差异。在全国层面，环境规制与污染产业投资存在着显著的负相关关系。而就三大区域来看，在中部地区，提高环境规制能够对污染密集型产业的转入起到较强的抑制作用；在东部地区，选择污染产业集聚地区来加强环境规制能够起到事半功倍的效果；而在西部地区，环境规制的抑制作用则相对较弱。这表明可以根据不同区域的特点来选择恰当有效的环境规制政策。

第四，相对于资本要素，劳动要素对污染密集型产业的转移有着更加显著的影响。在中国的特殊国情下，污染密集型产业的区际转移对劳动力成本较为敏感，劳动工资较低的地区能够吸引更多的污染产业投资，其影响力甚至超过了资本要素，尤其是在中部和西部地区。同时，良好的技术基础、较高的产业集聚水平也能够吸引更多的污染产业投资。

第五，环境规制对污染产业转移的影响呈现出行业差异。首先，环境规制的作用不同。对于采矿类，环境规制的系数为正且显著，说明提高环境规制有利于吸引更多污染产业投资；对于电力类，环境规制的系数为负且显著，说明提高环境规制对此类产业的投资有明显的抑制作用，这就为PHH 在电力类污染密集型产业的成立提供了证据；对于制造业类，环境规制系数的估计值并不显著。其次，资源要素的作用不用。对于采矿类，资源要素的系数为正且非常显著，说明资源丰富的地区也正是此类污染产业投资较多的地区，这反映了采矿类污染产业的资源密集型特征；而对于制造业类和电力类，资源要素与因变量呈现弱负相关关系，说明资源禀赋对此类产业投资的影响并不大，换句话说，污染密集型产业未必是资源密集型产业。

第五章　环境规制强度对
污染产业区际贸易的影响实证

一、污染产业区际贸易与分工

（一）区际贸易的计算方法

1.基本思路

一直以来，虽然中国区域间产品流动的速度和规模都在增加，区域间的分工在深化，但由于缺乏直接的统计数据，对区域间商品流动的规模和流动方向的研究相对较为匮乏。本书将根据中国各区域的投入产出表进行估算，分别从省际层面和八大区域层面进行计算。前者的计算依据是2007年中国各省（市、区）的投入产出表，能够估算出2007年每个省（市、区）的各类商品流出量和流入量，其优点在于样本数量较多、有28个省份和24个工业行业，缺点在于只有这一年的数据、只能进行截面分析；同时由于缺少贸易伙伴的信息，只能进行单边因素分析。后者的计算依据是1997年、2002年和2007年中国区域间投入产出表，能够计算出东北、京津、北部沿海、东部沿海、南部沿海、中部、西北和西南共计八个区域的各类商品流入量和流出量，更为重要的是能够展示出八大区域之间的贸易联系，便于将贸易伙伴双方的特征同时纳入分析框架，丰富了实证分析的内容，同时短时间宽截面的面板数据也蕴含着更多的信息，其缺点在于不能进行省际层面的分析，且工业行业只有13个。

2.省际贸易量的计算方法

一个省（市、区）分的产品流入量是指从其他所有省（市、区）流入该省（市、区）的产品量总和，包括用于满足该省（市、区）中间需求的部分与最终需求的部分；一个省（市、区）的产品流出量是指从该省（市、区）流出至所有其他省（市、区）的产品量的综合，包括用于满足其他省（市、区）中间需求的部分与最终需求的部分，计算公式如下：

R地区i产业的产品流出量为：

$$LC_i^R = \sum_{R(R \neq S)} \left(\sum_i x_{ij}^{RS} + f_i^{RS} \right) \qquad (5-1)$$

S地区i产业的产品流入量为：

$$LC_i^S = \sum_{S(R \neq S)} \left(\sum_j x_{ij}^{RS} + f_i^{RS} \right) \qquad (5-2)$$

其中，x_{ij}^{RS}为R地区i产业对S地区j产业的中间投入量，f_i^{RS}为R地区i产业对S地区最终需求的投入量。

（二）中国污染产业的区际贸易

表5-1展示了2007年我国东部地区、中部地区、西部地区和东北地区共计28个省（市、区）污染产业的区域间贸易状况。其中，净流出等于流出量减去流入量，相对净流出量等于（流出量-流入量）/该地区污染行业的总产出。

表5-1　2007年污染产业的区域间贸易状况

区域	省（市、区）	流出量（十亿元）	流入量（十亿元）	流出量-流入量（十亿元）	（流出量-流入量）/总产出（%）
东北	吉林	135.05	204.26	-69.21	-27.67
	黑龙江	79.17	122.44	-43.27	-17.88
	辽宁	304.21	308.20	-3.99	-0.49
	汇总	518.42	634.90	-116.48	-8.96

续表

区域	省（市、区）	流出量（十亿元）	流入量（十亿元）	流出量－流入量（十亿元）	（流出量－流入量）/总产出（%）
东部	河北	768.75	543.01	225.74	15.09
	上海	344.06	629.87	−285.81	−37.25
	江苏	608.14	705.31	−97.17	−4.27
	浙江	394.73	852.58	−457.84	−30.88
	福建	149.77	161.86	−12.10	−2.15
	山东	527.53	296.72	230.81	9.44
	广东	888.18	1132.00	−243.82	−12.00
	汇总	3932.53	4817.13	−884.60	−7.55
中部	山西	159.09	44.87	114.22	17.17
	安徽	209.05	240.97	−31.93	−6.59
	江西	101.92	115.74	−13.83	−3.12
	河南	468.63	267.97	200.67	14.42
	湖北	78.39	90.90	−12.52	−2.88
	湖南	132.22	132.19	0.04	0.01
	汇总	1149.29	892.64	256.65	6.48
西部	内蒙古	233.06	66.76	166.30	34.37
	广西	119.74	87.14	32.60	9.09
	四川	83.40	104.73	−21.33	−3.96
	重庆	28.83	104.03	−75.20	−32.97
	贵州	97.25	56.70	40.55	17.19
	云南	151.49	103.75	47.75	14.42
	陕西	112.20	185.97	−73.78	−28.62
	甘肃	79.78	61.68	18.10	9.72
	宁夏	35.16	23.45	11.72	14.60
	新疆	35.46	62.69	−27.24	−22.66
	汇总	976.38	856.90	119.48	4.24
东部	北京	95.83	279.56	−183.73	−62.33
	天津	155.52	216.22	−60.69	−17.12

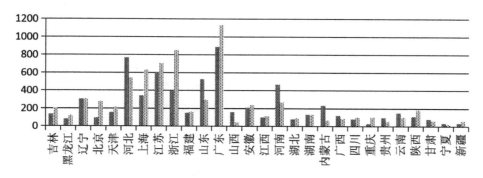

■流出量（十亿元）　▨流入量（十亿元）

图5-1　2007年中国省际污染产业的转移状况

从图5-1可以看出，不论是从贸易流出量来看，还是从贸易流入量来看，中国东部地区是污染产品贸易比较频繁的地区。其中，东部地区的污染品流出量达到39325.3亿元，占该地区污染行业总产出的比例达到59.8%；东部地区的污染品流入量达到48171.3亿元，占比达到66.9%。整体来看，东部地区的污染品呈现净流入的状态，金额为8846亿元，占东部地区污染产业总产出的比例为7.55%，也就是说，东部地区将一部分污染品的生产转移到了区域外，然后通过贸易的方式来消费其他地区生产的污染品。但是，东部地区内部呈现出显著的地区差异，其中北京、上海和浙江的相对净流入量比较大，而河北和山东则呈现出污染品净流出的状态。

从中部地区来看，其污染品流出量为11492.9亿元，污染品流入量为8926.4亿元，两者相减，污染品呈现净流出的状态，金额达到2566.5亿元，占中部地区行业总产出的6.48%。也就是说，整体来看中部地区生产的污染品总量超过了自身所需求的污染品数量，成为其他地区的污染品生产基地，中部地区在污染品的生产上呈现出较强的竞争力。但是，中部地区各省（市、区）也呈现出区域差异，其中，山西和河南的污染品贸易呈现净流出的状态，而其他地区则呈现出相对净流入的状态，但是数值并不大。

从西部地区来看，污染品贸易总规模并不是很大，其中流出量为9763.8亿元，流入量为8569亿元，差额为正的1194.8亿元，占该地区污染产业总产出的4.24%，整体呈现贸易收支均衡的状况。但是，区域内部呈现出较大的差异：重庆、陕西、四川和新疆四个省（市、区）的污染品是净流入状态，而其他省（市、区）的污染品则是净流出的，尤其是内蒙古的污染品净流出规模达到1663亿元，两者之间的差异显著。

从东北地区来看，吉林、黑龙江和辽宁三省都呈现出污染品净流入的状态，三省的流出规模达到5184.2亿元，而流入规模则是6349亿元，相减后净流入规模为116.48亿元，占行业总产出的比例为8.96%。

就28个省（市、区）整体来看，一方面，污染品净流出规模较大的前五名分别是山东、河北、河南、内蒙古和山西，它们向区域外省市提供的污染产品在中国省际污染品贸易总量中的比例为32.8%，接近三分之一，也就是说这些地区以自身的环境资源为代价，承接了其他地区的污染产业，成为其他地区污染品的生产地；另一方面，污染品净流入规模较大的是浙江、上海、广东和北京，它们从区域外购买的污染品在中国省际污染品贸易总量中的比例为40.2%，这些地区基本上都是中国经济较为发达的区域，其产业结构高级化的表现之一就是污染产业的外移，然后通过购买其他地区的污染品来满足本地区经济发展的需要，是污染产业的转出地。

5.1.3　中国污染产业的区际分工

5.1.2节详细分析了我国污染品的省际贸易状况，但无法展示一个地区与其他地区之间的区际贸易关系。贸易理论告诉我们，一个国家（或地区）与其他国家（或地区）之间的商品流动不仅与本地区的禀赋和优势有关，还与贸易伙伴的禀赋和优势密切相关。为了更深入了解我国区域污染产业转移的特征，本节中将研究中国区域之间的污染品贸易关系。

本节的数据来源于2007年中国八区域投入产出表。该表将中国分为八大区域，分别是：东北区域（辽宁、吉林和黑龙江）、京津区域（北京、天津）、北部沿海（山东、河北）、东部沿海（上海、浙江、江苏）、南部沿海（福建、广东、海南）、中部区域（山西、安徽、河南、湖南、湖北、江西）、西北区域（陕西、内蒙古、甘肃、宁夏、青海、新疆）和西南区域（云南、广西、云南、西藏、重庆和四川）。表5-2是2007年中国八大区域之间污染品流动的总规模。

表5-2　2007年中国八大区域之间污染品的贸易量（单位：亿元）

| | | 流入地 | | | | | | | |
		东北区域	京津区域	北部沿海	东部沿海	南部沿海	西北区域	中部区域	西南区域	出口
流出地	东北地区	15488	685	1439	1648	1065	1378	382	632	1676
	京津区域	389	5827	1425	692	226	337	124	79	906
	北部沿海	722	2082	38586	1807	1020	2633	909	454	2763
	东部沿海	124	167	885	48510	1674	2481	330	360	8540
	南部沿海	265	186	592	1844	23597	1403	494	1268	8130
	中部区域	306	295	2959	5161	2009	34398	733	552	1699
	西北区域	463	287	977	2073	1114	1359	11321	785	1193
	西南区域	173	54	358	1092	1540	604	262	15476	843

由表5-2可知，中国污染产业的主要流出地分布在东部沿海、南部沿海、中部区域和北部沿海（占比分别为17.95%、17.49%、16.91%和15.28%）。但是这些地区污染品的流出地构成却不尽相同。其中，东部沿海和南部沿海生产的污染品主要流向了国外（占比分别为10.53%和10.02%），反映了其外向型经济的特点；而中部区域生产的污染品则主要流向了北部沿海、东部沿海和南部沿海地区（占比分别为3.65%、6.36%和2.48%），也就是说，中部区域已经成为沿海发达地区的污染产业承接地；而北部沿海的污染品流出地分布较为广泛，主要包括出口、中部区域、京津区域和东部沿海地区（占比分别为3.42%、3.25%、2.57%和2.23%）。

二、单边因素对污染产业区际贸易的影响实证

（一）模型构建

1.基于H-O-S框架的基本模型

H-O-S框架的基本思想是认为不同商品在生产过程中所消耗的要素比

例不同，而不同国家所拥有的要素禀赋也不同，这样就导致不同要素禀赋的国家在不同类别的商品生产中拥有不同的比较优势。具体来说，资本要素丰裕的国家在资本密集型商品的生产上具有比较优势，而劳动力丰裕的国家则在劳动密集型商品的生产上具有比较优势，从而前者会出口资本密集型商品、进口劳动密集型商品，而后者则相反。H–O–S模型是建立在2种要素、2类商品的假设基础上，之后，H–O–V模型（Heckscher–Ohlin–Vanes）将H–O–S模型扩展至N种商品和S种要素（$N>2$，$S>2$）。

首先，将某地区污染密集型产业的比较优势作为被解释变量，将资源、资本、劳动力三类要素禀赋①当成解释变量进行回归分析。不含环境规制的基本H–O–V模型可表述如下：

$$y_i = c_i + b_{i1}X_1 + b_{i2}X_2 + b_{i3}X_3 + \mu_i \tag{5-3}$$

其中，y_i表示部门i的显性比较优势，i=1，…，8，分别为电力热力的生产和供应业、金属矿采选业、造纸印刷及文教体育用品制造业、非金属矿物制品业、煤炭开采和洗选业、非金属矿及其他矿采选业、化学工业、金属冶炼及压延加工业。X_1、X_2和X_3表示各省（市、区）的要素禀赋状况，分别代表煤炭要素禀赋、资本要素禀赋和劳动要素禀赋，b_{i1}、b_{i2}和b_{i3}分别为X_1、X_2和X_3变量的系数，研究样本包括27个省（市、区）去除西藏、青海、海南和重庆）。μ_i为随机扰动项，c_i为常数项。

尽管污染排放是生产过程中的一种产出，但也可以被看成是一种要素投入，即环境投入。与资本、劳动、能源等由市场自由定价的要素不同，环境要素由于其公共产品的属性，并没有相应的市场价格。在没有第三方介入的情况下，各企业在生产过程中都免费使用环境要素，但外部性会引发严重的环境污染问题，直到正式环境规制或非正式环境规制的出现才使环境要素的使用成本逐渐内部化。也就是说，某一地区的环境要素禀赋可以用环境规制强度来衡量，环境规制水平越高，该地区的环境要素越稀缺；反之，降低环境规制水平能够增加环境要素的供给。

将环境规制引入H–O–V模型中，如下式：

①经过实证检验，以人均耕地量作为衡量土地要素禀赋的指标在模型中并不显著，因此模型中不考虑土地要素。

$$y_i = c_i + b_{i1}X_1 + b_{i2}X_2 + b_{i3}X_3 + b_{i4}\text{ZSGZ} + b_{i5}\text{FZSGZ}_1 + b_{i6}\text{FZSGZ}_2 + \mu_i \quad (5\text{--}4)$$

根据前文关于环境规制的剖析，本书将环境规制划分为两大类：正式环境规制和非正式环境规制。关于各个变量的符号，可以有以下预期。由于污染密集型行业大多能耗较高，X_1的符号预期为正，即能源要素丰裕的地区污染密集型产业的比较优势可能会更大；由于污染密集型行业多分布在资本密集型行业，所以X_2的符号预期也为正，即资本要素丰裕的地区可能在污染密集型产业上具有比较优势；由于劳动密集型产业多是清洁型产业，所以X_3的符号预期为负，即劳动要素丰裕的地区未必会在污染密集型行业上拥有比较优势；对于污染密集型行业来说，环境规制水平提高会导致环境要素供给减少，从而导致生产成本增加，因此环境规制变量的符号预期为负，即环境规制水平越高污染密集型产业的比较优势越小。各变量的含义见表5-3。

表5-3　各变量的含义

目标层	变量	符号	衡量指标	预期符号
要素禀赋	能源要素禀赋	X_1	各地区原煤生产占全国的比例（%）	+
	资本要素禀赋	X_2	各地区人均资本存量（万元/人）	+
	劳动要素禀赋	X_3	各地区大专以上受教育水平的比重（%）	–
环境规制		ZSGZ	各地区环境规制的综合评价指标	–
	正式环境规制	ZSGZ_a	各地区污染排放强度指标	–
		ZSGZ_b	各地区治污投资指标	–
	非正式环境规制1	FZSGZ_1	各地区城市人口密度（人/平方公里）	–
	非正式环境规制2	FZSGZ_2	各地区15岁以下人口比重（%）	–
贸易的显性比较优势		Y	各地区显性比较优势指数[①]	

①各地区显性比较优势指数的计算公式为：$\text{RCA} = (X_i / X_t)/(W_i / W_t)$，其中$X_i$表示该地区污染品的流出量，$X_t$表示该地区商品的总流出量，$W_i$表示全国污染品的省际流出量，$W_t$表示全国商品的省际流出总量。

2.环境规制的内生性

20世纪90年代末以来，不少学者提出了环境规制具有内生性特征（Levinson and Talor，2008）。Harris等（2002）在Beers和Bergh（1997）的研究基础上，使用24个OECD国家在1990—1996年的数据发现不同模型设定对于环境规制变量的显著性具有影响；Ederington和Minier（2003）认为以往研究之所以没有发现环境规制措施对于贸易流量的显著影响，主要是因为这些研究一般都把环境规制变量当作外生给定，忽略了贸易因素可能会影响一国环境规制的设定；Jug和Mirza（2005）以欧盟国家的环境规制对其进出口贸易的影响作为研究对象，采用新的衡量环境规制强度的变量并且控制了变量的内生性问题之后，结果显示环境规制强度对于欧盟国家的出口有着显著的负面影响；我国学者林季红和刘莹（2013）选取中国36个工业行业的面板数据发现，在将环境规制视为严格外生变量时，"污染天堂假说"在中国不成立，而一旦将环境规制视为内生变量，则"污染天堂假说"在中国也是成立的。但是，也有些研究发现环境规制的内生性问题的影响并不大，如Cole和Eloitt（2003）使用60个发达国家和发展中国家在1995年的数据得出结论：即使考虑到环境规制的内生性问题仍然能够得出与Tobey（1990）相同的结论，即环境规制对贸易的影响不显著。

此外，在研究中国区域环境规制的时候，内生性问题可能更为突出。在中国全面建成小康社会的现阶段，经济增长仍然是最核心的指标，由于非正式环境规制尚未完善，我国的环境规制水平主要与地方政府的正式环境规制执行力度紧密相关。在地方政府"为增长而竞争"的格局下，官员的政绩诉求将导致地方政府过分追求短期经济增长，忽视教育、卫生、环境保护等民生问题，进而形成环境规制政策的"软约束"，环境规制政策的制定和实施往往受制于地方政府的现实需要（如经济增长、增加税收）。于文超（2014）使用1992—2006年的省级面板数据研究发现，地方官员的政绩诉求是导致辖区环境污染事故频发的重要因素，而且这一影响在沿海地区更加明显；此外，外商投资企业的比重、地区产业结构、地方官员的个人特征也在不同程度上影响着环境污染事故的发生。可据此推测，地方政府很有可能为了获得更高的产业竞争力而放松环境规制强度，也就是说，一方面地方政府的环境规制强度影响着地方产业竞争力（尤其是污染密集型产业），另一方面地方的产业竞争力也是其环境规制强度的影响因素之一。

为了解决环境规制变量的内生性，我们设定以下公式：

$$ZSGZ_j = \alpha + \beta_1 I_j + \beta_2 Y_{ij} + e_i \tag{5-5}$$

其中，Y_{ij} 表示地区 j 的污染产业 i 的比较优势，用显性比较优势指数衡量；I_j 表示地区 j 的人均收入水平，本书使用城镇在岗职工平均工资来衡量各省（市、区）的收入水平。

以公式为基础，使用两阶段最小二乘法（TSLS）来估计公式，其中以 ZSGZ 和 Y 为内生变量，其他的变量为外生变量。

（二）数据来源

本章使用的废水、废气、固体废弃物的排放数据，以及各省（市、区）的废水、废气、固体废弃物的治污投资实际完成额，均来源于《2008年中国环境统计年鉴》；原煤产量、大专以上学历人数、城镇在岗职工工资、人口密度和15岁以上人口比重，来源于《2008年中国统计年鉴》；省际贸易数据来源于各省（市、区）《2007年投入产出表》[①]；资本数据来源于孟望生（2015）的估算。数据的描述性统计见表5-4。

表5-4　数据的描述性统计

变量	单位	均值	最大值	最小值	中位数	标准差
X_1	%	3.63	24.53	0	1.91	5.22
X_2	万元/人	149113	425555	56682	124327	102068
X_3	%	0.007	0.023	0.003	0.006	0.005
ZSGZ	–	1.88	6.97	0.44	1.66	1.47
$ZSGZ_a$	–	0.63	4.64	0.02	0.23	1.01
$ZSGZ_b$	–	62.84	174.46	19.07	49.62	40.14

实证分析中，原煤生产占比、大专以上学历人数占比、正式环境规

[①]本章的研究时间段截止到2007年。

制、15岁以下人口比重、显性比较优势指数这几个变量都是比例，不用取对数；人均资本存量、城镇在岗职工平均工资、人口密度数值较大，实证分析中取对数处理。使用28个省（市、区）（不含西藏、青海和海南）和8个污染产业构成的"面板"数据，为污染产业设定了行业虚拟变量以控制同一行业的相似特征[①]。

（三）实证结果分析

首先，以公式为基础进行经验回归分析。在估计过程中，考虑到环境规制强度的不同衡量指标对于结果可能产生不同的影响，将三类环境规制指标分别加入估计模型，以分析其产生的影响。在考虑环境规制外生或内生的情况下，结果见表5-5。

表5-5　环境规制对污染产业比较优势的影响估计

解释变量	环境规制外生			环境规制内生		
	模型（1）	模型（2）	模型（3）	模型（1）	模型（2）	模型（3）
X_1	-0.07	-0.02	-0.03*	-0.07	-0.06	-0.06
	(-1.51)	(-0.89)	(-1.75)	(-0.83)	(-0.99)	(-1.02)
X_2	0.81***	0.77***	0.78**	0.96**	0.93**	1.02
	(2.91)	(2.88)	(2.73)	(2.08)	(2.39)	(1.72)
X_3	-0.07**	-0.07**	-0.07**	-0.08**	-0.07**	-0.08**
	(-2.71)	(-2.82)	(-2.73)	(-2.15)	(-2.42)	(-2.29)
ZSGZ	-0.61			1.61		
	(-0.83)			(0.34)		
$ZSGZ_a$		-0.18			0.17	
		(-1.64)			(0.351)	
$ZSGZ_b$			-0.002			-0.01
			(-0.82)			(-0.49)

---

①该方法参考Cole（2003）。

续表

解释变量	环境规制外生			环境规制内生		
	模型（1）	模型（2）	模型（3）	模型（1）	模型（2）	模型（3）
$FZSGZ_1$	0.33*	0.33*	0.32*	0.45	0.39*	0.49
	(1.92)	(2.07)	(1.78)	(1.39)	(1.85)	(1.21)
$FZSGZ_2$	0.09***	0.10**	0.09***	0.10***	0.09***	0.09***
	(4.37)	(4.74)	(4.42)	(3.64)	(3.47)	(3.65)
常数项	−9.96***	−9.68***	−9.55**	−12.56*	−11.59***	−13.45
	(−2.88)	(−2.97)	(−2.63)	(−1.82)	(−2.97)	(−1.50)
修正的 R^2	0.46	0.51	0.46	0.21	0.26	0.24
F 值	4.67***	5.44***	4.66***	4.67***	3.35**	3.25**
观察值	224	224	224	224	224	224
截面值	28	28	28	28	28	28

注：***、**和*分别表示1%、5%和10%的显著性水平；括号内为相应的t值。

首先，从实证结果来看，各地区正式环境规制强度对污染密集型产业比较优势的影响为负值，也就是说，环境规制水平越高的地区，污染产业的比较优势越弱。但是，不管是用综合环境规制评价指标ZSGZ的模型（1），还是用污染物排放强度指标$ZSGZ_a$的模型（2）、治污投资水平指标$ZSGZ_b$的模型（3），上述负相关关系都不显著。这表明，"污染天堂假说"在中国省际层面上成立的理由并不充分，或者说，地方政府希望通过放松环境管制、以牺牲环境为代价来赢得比较优势的做法，是难以实现的。

其次，就非正式环境规制对污染产业比较优势的影响实证来看，两者之间呈现正相关的关系。一方面，城市人口分布密度与污染产业比较优势是正相关的，且在5%的水平上显著，即城市人口密度越大的地区，污染产业比较优势也越大；另一方面，人口结构与污染产业比较优势也是正相关的，且在1%的水平上显著，即年轻人比例越高的地区，污染产业比较优势也越大。这与我们之前关于变量符号的预测恰好相反，可能的原因是：（1）在经济发展的现阶段，非正式环境规制并没有发挥出相对重要的作用，自下而上的自发性环保活动影响力仍然较小，无法在计量模型中表现出来；（2）一些污染产业具有规模经济效应，且流动性较差，需要靠近市场才能实现规模经济，这就限制了其空间转移。

最后，相对于环境要素，资本要素对污染密集型产业比较优势的影响更为显著。从模型（1）、（2）和（3）来看，资本要素与污染密集型产业比较优势是正相关关系，且分别在1%和5%水平上是显著的，即资本要素丰裕的地区也正是污染密集型产业比较优势较强的地区。一般认为，污染密集型产业大多具有资本密集型产业的特征，结合上述实证结果可以认为，就我国省际层面来看，"要素禀赋理论"的适用性要高于"污染天堂假说"。

考虑到环境规制内生性问题，使用TSLS方法对公式进行估计，由表5-5可知，计量分析的结果非常类似。尽管符号有所变化，正式环境规制对污染产业比较优势的影响仍然是不显著的；且就方程拟合系数——修正的R^2来看，假定环境规制内生时的估计结果要差于假定环境规制外生的情形。

综上可知，实证分析结果表明，即使考虑到环境规制的内生性，环境规制对于我国省际污染产业比较优势的影响仍然是不显著的。"污染天堂效应"在我国省际层面的存在性缺乏证据支持，决定各地区比较优势的主要因素仍然是资本要素和劳动力要素。

三、双边因素对污染产业区际贸易的影响实证

5.2节讨论了中国各个省（市、区）的环境规制水平与地区比较优势之间的相关关系，但这种影响能否足以表现在区域之间的贸易流量上面？或者说环境规制能否对区域之间的污染品贸易规模产生足够的影响，以及这种影响的方向和力度如何？本节将尝试对上述问题做出研究，这也为我们从贸易视角来研究环境规制对污染密集型产业的区域转移提供了有益的参考。本节内容对在以下两点进行创新：（1）从贸易视角研究污染密集型产业区域转移的影响因素。到目前为止，大多数关于产业转移的实证研究主要集中在环境规制对工厂选址决策和外商直接投资（FDI）流量的影响，都是从企业投资的视角针对同一国家的不同地区或者国家之间环境标准的

差异进行研究。Keller和Levinson（2006）对美国的研究结果表明，环境规制与工厂选址决策或外国直接投资流量之间只存在微弱的关系；研究环境规制与贸易流量的关系更为合理，因为能够同时揭示严格的环境规制对工厂选址的影响以及环境政策对行业产出规模的影响。本节从贸易视角研究环境规制对中国区域产业转移的影响也可以为第4章从企业投资视角的污染产业区域转移提供一个横向对比。（2）将双边环境规制都纳入污染产业区域贸易的影响模型。现有文献多集中在研究环境规制对污染品国际贸易的影响，针对我国东西部不同区域之间的污染品贸易的研究相对较少；在有限的一些文献中，大多只是研究单边因素对贸易流量的影响，使用双边因素进行的研究非常少见。但是，由传统贸易理论可知，贸易流量和贸易模式是由贸易双方的因素所共同决定的，抛开贸易对象的不同特征而只关注自身的禀赋和优势，这样的研究难免有失偏颇。因此，本书试图通过将环境规制引入引力模型来解决这个问题。

（一）模型构建

引力模型最早是由Tinbergen（1962）应用于国际贸易领域的研究，该模型的基本思想是双边贸易水平与贸易国的国内生产总值成正比。此后，Beers和Bergh（1997）使用引力模型研究环境规制对竞争力的影响，他们使用OECD国家的数据，发现严格的环境规制对出口的影响显著为负。Harris（2003）使用Beers和Bergh（1997）相似的数据和规制变量，使用三重指数固定效应模型（出口国、进口国和时间效应），结果表明，当考虑这些效应时，环境规制强度对贸易的影响不再显著。Jug和Mirza（2005）对Beers和Bergh（1997）的引力方程进行修改，使用12个欧洲国家的减排成本数据和总货币支出数据作为环境规制变量，结果发现环境规制对出口竞争力的影响显著为负。而Xu（2000）使用20个国家1992年的联合国环境和发展指数（UNCED），通过OLS估计发现环境规制与出口贸易流量显著正相关。

由于Anderson和Wincooup（2003）的引力模型不需要较多的假设条件，模型可以进行多方面的扩展。扩展的引力模型在各种不同假设下被广泛地应用于研究各类贸易成本因素（如国际贸易政策、国家贸易边际、货币联盟、距离等）对国际双边贸易流动的影响，但用于反映环境规制因素影响贸易的引力模型并不多见，尤其是在反映环境规制对中国区域污染品贸易影响方面更少。

依据Anderson和Wincoop（2003）的研究，扩展的引力模型可表达为：

$$y_{ij} = \frac{x_i x_j}{x_w} \left(\frac{T_{ij}}{P_i P_j} \right)^{1-\sigma} \tag{5-6}$$

其中，x_i和x_j分别表示地区i和j的名义收入水平，x_w表示地区名义总收入，y_{ij}表示地区j从地区i的进口额，T_{ij}（大于等于1）表示"冰山"运输成本，P_i和P_j分别表示地区i和j的不变替代弹性效用函数的消费物价指数，Anderson和Wincoop（2003）称之为内生的多边贸易限制因素。

由传统的国际贸易理论可知，贸易成本的影响因素主要包括人口规模、地理距离、国土面积等，传统的引力模型中解释变量通常包含有这些因素，可表述如下：

$$y_{ij} = c + b_1 \mathrm{gdp}_i + b_2 \mathrm{gdp}_j + b_3 \mathrm{pop}_i + b_4 \mathrm{pop}_j + b_5 \mathrm{land}_i + b_6 \mathrm{land}_j + b_7 \mathrm{dis} + \varepsilon_{ij} \tag{5-7}$$

其中，y_{ij}表示地区i流向地区j的贸易量，gdp_i表示地区i的增加值，pop_i表示地区i的人口总数，land_i表示地区i的地理面积，dis表示两个地区之间的距离。ε_{ij}为误差项，c为常数项，b代表各项的估计系数。

本书将环境规制作为影响贸易的解释变量纳入扩展的引力模型设定之中，以考察某地区的环境规制强度对于该地区污染品流出量的影响，其中，环境规制分为正式环境规制和非正式环境规制。方程可以修正为：

$$y_{ij} = c + b_1 \mathrm{gdp}_i + b_2 \mathrm{gdp}_j + b_3 \mathrm{pop}_i + b_4 \mathrm{pop}_j + b_5 \mathrm{land}_i + b_6 \mathrm{land}_j + b_7 \mathrm{dis} +$$
$$b_8 \mathrm{zsgz}_i + b_9 \mathrm{zsgz}_j + b_{10} \mathrm{fzsgz}_i + b_{11} \mathrm{fzsgz}_j + \varepsilon_{ij} \tag{5-8}$$

各个变量的含义见表5-6。

表5-6 各变量的含义

变量名	变量解释	预期符号	单位
y_{ij}	地区i向地区j流出的产品额		万元
gdp_i	地区i的增加值	+	万元
gdp_j	地区j的增加值	+	万元
pop_i	地区i的人口总数	+/−	人
pop_j	地区j的人口总数	+/−	人
$land_i$	地区i的面积	+	万平方公里
$land_j$	地区j的面积	−	万平方公里
dis	地区i和地区j的省会所在地距离	−	千米
$zsgz_i$	地区i的正式环境规制——综合指标	−	
$zsgz_j$	地区j的正式环境规制——综合指标	+	
$zsgza_i$	地区i的正式环境规制——排放量指标	−	
$zsgza_j$	地区j的正式环境规制——排放量指标	+	
$zsgzb_i$	地区i的正式环境规制——治污投资指标	−	
$zsgzb_j$	地区j的正式环境规制——治污投资指标	+	元
$fzsgz_i$	地区i的非正式环境规制——平均工资	−	
$fzsgz_j$	地区j的非正式环境规制——平均工资	+	元

在评估之前，需要对模型中各个参数的符号进行预测。首先，gdp_i和gdp_j的系数应当为正值，因为更高的GDP往往意味着更大的市场规模，而这又将会促进区域贸易的发展；pop_i和pop_j的符号不能确定，因为虽然更大的人口规模也可能意味着更大的市场容量，从而促进区域贸易的发展，但是更大的人口规模也可能会导致多样化的生产和更多的区域内贸易，从而可能减少对于区域外商品的需求；$land_i$的符号一般为正值，而$land_j$的符号

一般为负值，原因是广阔的面积往往意味着丰富的资源禀赋，从而可能会增加出口能力、降低进口需求；dis的符号应当为负值，因为两地之间的距离越远，贸易成本也会越高，从而相互之间的贸易量也会越少；本地区环境规制强度（包括正式环境规制$zsgz_i$和非正式环境规制$fzsgz_i$）的符号预期为负值，而贸易伙伴的环境规制强度（$zsgz_j$和$fzsgz_j$）的符号预期则为正值，依据是"污染天堂理论"，即一个地区降低环境规制强度会增加污染密集型产品的出口，或者减少污染密集型产业的进口。

（二）数据来源

本节中区域间贸易流量数据来源于1997年、2002年和2007年《中国区域间投入产出表》，这八大区域组成56组贸易关系，选择其污染产品的流出量作为被解释变量。各地区增加值、总人口、地区面积、省会之间的距离①、人均工资，均来源于历年《中国统计年鉴》。其中，贸易流量、地区增加值、人均工资的数据均换算成以1995年为基年的固定价格，所有变量均取自然对数。污染行业细分6个，即非金属矿物制品业、金属冶炼及制品业、造纸印刷及文教用品制造业、化学工业、电力蒸汽热水煤气自来水生产供应业、采选业。数据的统计性描述见表5-7。

表5-7　数据的统计性描述

变量	单位	取对数后的均值	取对数后的最大值	取对数后的最小值	取对数后的中位数	取对数后的标准差
y_{ij}	万元	14.56	17.55	11.10	14.60	1.20
gdp_i	万元	19	20	17	19	1
gdp_j	万元	14	19	1	18	7
pop	人	9.16	10.13	7.69	9.31	0.66
land	万平方公里	3.94	6.57	1.03	3.95	1.51
dis	千米	7.37	8.38	5.82	7.43	0.51
zsgz		0.62	1.51	-2.32	0.54	0.73
$zsgz_a$		-0.42	2.36	-5.92	-0.37	1.71

①地区i的省会与地区j的省会之间距离的算数平均值。

变量	单位	取对数后的均值	取对数后的最大值	取对数后的最小值	取对数后的中位数	取对数后的标准差
$zsgz_b$		3.75	4.50	2.98	3.73	0.41
fzsgz		0.41	0.92	−0.07	0.41	0.25

（三）实证结果分析

　　基于短时间宽截面的面板数据特征，本书选择随机效应模型。同时，选择WLS方法来处理模型中的异方差问题。一些研究中指出贸易与环境规制之间可能存在自相关问题，但本书将环境规制作为外生变量处理，理由有三个：本项目前期研究使用Cole等（2003）的方法，采用两阶段最小二乘法（TSLS）对中国区域环境规制与区际污染品贸易进行回归，发现与未考虑内生性的分析结果非常近似；使用能源消费量和文盲率这两种常用的工具变量进行修正后结果并未改善；模型的DW统计量表明内生性问题并不显著。以公式为基础进行回归分析，实证结果见表5-8。

表5-8　双边环境规制对中国污染产业区域转移影响的实证结果

解释变量	污染产业总体			特定污染行业					
	模型（1）	模型（2）	模型（3）	Y_1	Y_2	Y_3	Y_4	Y_5	Y_6
$zsgz_i$	0.06			1.04***	0.64***	−0.14	0.004	−0.07	0.30***
（t值）	1.29			2.89	7.25	−1.08	0.07	−0.85	4.33
$zsgz_j$	−0.21***			−1.24***	0.17**	−0.21**	−0.12	−0.04	−0.38***
（t值）	−3.69			−5.91	2.12	−2.16	−1.16	−0.36	−5.57
$zsgza_i$		−0.09***							
（t值）		−3.76							
$zsgza_j$		−0.13***							
（t值）		−4.43							
$zsgzb_i$			0.18**						
（t值）			2.22						

续表

解释变量	污染产业总体			特定污染行业					
	模型（1）	模型（2）	模型（3）	Y_1	Y_2	Y_3	Y_4	Y_5	Y_6
$zsgzb_j$			-0.42***						
（t值）			-4.88						
$fzsgz_i$	-0.56***	-0.89***	-0.55***	-0.69***	-1.56***	-0.25*	-1.76***	-0.81***	-0.46***
（t值）	-3.69	-4.49	-3.08	-2.94	-10.54	-1.66	-12.73	-5.66	-4.14
$fzsgz_j$	0.06	-0.31*	0.001	0.19	0.75***	0.03	1.06***	0.42***	0.38***
（t值）	0.38	-1.80	0.009	1.40	10.67	0.20	9.20	3.22	4.22
pop_i	0.12*	0.03	0.16***	0.28	-0.07	0.05	0.02	0.43***	0.40***
（t值）	1.76	0.61	2.64	0.91	-0.46	0.32	0.21	3.67	4.58
pop_j	0.25***	0.39***	0.24***	-0.41*	-0.08	-0.14	-0.10	0.34**	0.23**
（t值）	3.37	6.50	3.59	-1.97	-0.53	-0.84	-0.69	2.44	2.53
gdp_i	0.99***	0.93***	1.00***	1.39***	1.48***	1.02***	1.40***	1.40***	0.9***
（t值）	14.50	15.04	16.15	8.95	10.40	6.62	11.47	11.07	10.80
$land_i$	0.20***	0.23***	0.18***	0.60***	0.41***	-0.11**	0.21***	0.45***	0.07**
（t值）	6.29	7.34	5.95	8.24	7.92	-2.21	4.31	9.14	2.43
$land_j$	0.06**	0.08***	0.09***	0.10**	-0.06*	0.13**	0.18***	0.08*	0.14***
（t值）	2.32	2.83	3.25	2.11	-1.80	2.45	3.84	1.79	4.70
dis	-1.24***	-1.25***	-1.25***	-1.18***	-1.11***	-0.99***	-1.44***	-1.52***	-1.33***
（t值）	-13.51	-15.13	-15.50	-9.53	-8.39	-5.21	-9.24	-11.26	-11.84
常数项	0.81	1.66	1.41	-2.28	-0.61	1.85	1.46	-7.62***	-0.29
（t值）	0.54	1.24	0.90	-0.61	-0.23	0.67	0.69	-3.54	-0.20
R^2	0.89	0.90	0.89	0.80	0.91	0.57	0.87	0.81	0.80
F值	128***	142***	124***	41.3***	134***	20.5***	103***	68.0***	62.6***
观察值	168个	168个	168个	168个	137个	168个	161个	167个	168个

注：***、**和*分别表示1%、5%和10%的显著性水平。

1.污染产业整体的实证结果

首先，就正式环境规制来看，地区i的环境规制对本地区污染品流出量的影响方向是不确定的，但贸易对象j的环境规制却与地区i的污染品流出量显著负相关。具体来看，一方面，本地区环境规制强度对污染品流出量的影响与环境规制的性质有关。模型（2）和（3）表明，变量$zsgza_i$的系数为负，而变量$zsgzb_i$的系数为负，说明着眼于治污绩效的环境规制工具能够有效抑制污染产业的转入，而治污投资类环境规制工具则可能会吸引污染产业的转入，其原因在于前者更容易内化为污染企业的生产成本（如对未达标企业征收排污费），而后者的投资来源中非企业部门的投资占有很大比例[①]，不仅难以内化为污染企业的生产成本，反而会因为基础设施的改善而吸引更多的污染企业；另一方面，$zsgzj$、$zsgzaj$、$zsgzbj$均与y_{ij}负相关，说明地区j提高正式环境规制强度会减少对地区i污染品的需求，这从侧面否定了PHH在中国区域层面的成立，也说明对PHH的验证应当同时考虑双边环境规制的影响。

其次，就非正式环境规制来看，其对污染产业区际转移的影响不可忽视。尤其是三个模型均证明$fzsgz_i$与y_{ij}显著负相关，说明非正式环境规制强度较低的地区倾向于承接更多污染密集型产业和生产污染品并向区域外销售。由于非正式环境规制与经济发展水平密切相关，因此公众环保意识的薄弱加剧了落后地区的环境污染困境。

再次，双边需求因素在污染产业转移过程中起着决定性作用。双边人口、双边增加值、双边地区面积对污染品贸易流量的影响为正，而地理距离则呈现显著的负向影响。这反映了污染产业转移的模式呈现出由东部经济发达省（市）向经济较为发达的相邻省（市）渐进式、黏性拓展的特征。

[①]环境污染治理投资包括城市环境基础设施建设、老工业污染源治理和建设项目"三同时"投资。其中，城市环境基础设施建设投资占比最大，包括燃气工程建设投资、集中供热工程建设投资、排水工程建设投资、园林绿化工程建设投资以及市容环境卫生工程建设投资，主要资金来源于政府部门。

2.细分行业的实证结果

首先，正式环境规制对6个污染行业的影响呈现差异性。其中，4个行业（$Y_1/Y_2/Y_3/Y_6$）的实证结果否定了PHH，2个行业（Y_4/Y_5）的结果不显著。具体来看，Y_1和Y_6行业中地区i提高环境规制强度会增加本地区污染品的流出量，而贸易伙伴地区j提高环境规制强度则会降低其对地区i的污染品需求量；Y_2行业中地区i和j提高环境规制强度都会增加地区i污染品的流出量，但地区j环境规制的影响不显著。

其次，在6个污染行业中非正式环境规制对污染品贸易的影响都符合PHH。其中，6个行业中都观察到地区i的非正式环境规制与污染品流出量呈显著的负相关关系，$Y_2/Y_4/Y_5/Y_6$行业中地区j的非正式环境规制对地区i的污染品流出量产生显著的正面影响。

四、本章小结

首先从污染产业区际贸易的视角衡量了中国污染产业区际贸易的情况，然后实证检验了环境规制对地区比较优势的影响，最后基于拓展的引力模型考察双边环境规制对污染产业区际转移的影响。主要结论有：

第一，就污染品区域间贸易来看，不论是从贸易流出量来看，还是从贸易流入量来看，中国东部地区是污染产品贸易比较频繁的地区；整体来看中部地区生产的污染品总量超过了自身所需求的污染品数量，成为其他地区的污染品生产基地，中部地区在污染品的生产上呈现出较强的竞争力；从西部地区来看，污染品贸易总规模并不是很大，但是，区域内部呈现出较大的差异；从东北地区来看，吉林、黑龙江和辽宁三省都呈现出污染品净流入的状态。就中国区域间经济联系来看，中国污染产业的主要流出地分布在东部沿海、南部沿海、中部地区和北部沿海，但是这些地区污染品的流出地构成却不尽相同。其中，东部沿海和南部沿海生产的污染品主要流向了国外，反映了其外向型经济的特点；而中部地区生产的污染品则主要流向了北部沿海、东部沿海和南部沿海地区，也就是说，中部地区已经成为沿海发达地区的污染产业承接地；而北部沿海的污染品流出地分布较为广泛，主要包括出口、中部地区、京津地区和东部沿海地区。

第二，就单边因素来看，各地区正式环境规制对污染产业区际贸易的影响为负值，但在统计上并不显著；就非正式环境规制对污染产业区际贸易的影响实证来看，两者之间呈现正相关的关系。同时，即使考虑到环境规制的内生性，环境规制对于污染产业省际贸易的影响仍然是不显著的。"污染天堂假说"在我国省际层面上缺乏有力的证据，以降低环境规制来赢得贸易显性比较优势的做法可能是无效的。相对于环境要素，决定污染产业区际贸易的主要因素仍然是资本要素和劳动力要素。

第三，双边因素对污染产业区际贸易有着显著影响。（1）正式环境规制对污染产业区际贸易的影响既与环境规制的性质相关，又与其双边特征相关。PHH的成立与否不仅依赖于承接地的环境规制强度，还受到转出地环境规制强度的影响。（2）非正式环境规制是影响污染产业区际贸易的不可忽视的力量。污染品流出地的非正式环境规制与污染产品区际贸易的规模显著负相关，较低的非正式环境规制强度是中西部吸引"转移性污染"的重要原因。（3）双边需求因素对污染产业区际贸易有着决定性影响。双边人口规模、经济规模和相近的地理位置更容易引起污染产业的转移，而地理距离则与污染品区际贸易呈现负相关关系，由此决定了污染产业区域转移的轨迹首先由东部发达省（市）逐步向经济较为发达的相邻省（市）转移，呈现出渐进式、黏性拓展的特征。

第六章　环境规制工具对污染产业
投资区位转移的影响实证

一、环境规制工具影响污染产业投资区位转移的机理分析

我国政府一直高度重视环境保护工作。经过多年的努力，我国已经建立起较为完善的多层次的环境监管体系。就环保法律来看，据统计，全国人大及其常务委员会颁布的有关环境与资源保护的法律法规将近30项、地方性环境立法84项，有关部门还制定了一系列配套的行政规章。就经济型环境规制来看，2014年排污费征收规模达到187亿元，城镇环境基础建设投资占GDP的比重达到1.60%，老工业污染源治理投资和建设项目"三同时"投资占GDP的比重达到1.13%。此外，非正式环境规制的作用也日益凸显。

要实现污染密集型产业在区域间的有序转移，在经济发展与环境保护之间寻找最佳契合点，环境规制工具的选择必须是恰当的、可行的。研究不同类别环境规制工具对污染产业投资区位的影响机制，有助于破解上述难题。考虑到数据的可得性，本书主要研究以下三类环境规制工具。

（一）环境规制强度与环境规制工具的关系

环境规制是指政府对污染企业的排污行为施加影响的各种方式的总和，就其具体表现形式来看，又可细分为环境规制强度与环境规制工具。环境规制强度是指某一地区环境规制对排污主体的排污行为所施加的平均影响；而环境规制工具则是指政府在治理污染的时候所动用的各种政策工具。早期有学者仅研究某一种单一的环境规制工具，这种单一的衡量指标

既代表了环境规制强度，也代表了环境规制工具。但随着环境规制政策的发展，越来越多的环境规制工具被政府相关部门所采用，而同时污染物的种类也逐渐从某一类扩展至废水、废气、固体废弃物等多个种类，因此，环境规制强度的概念与环境规制工具的概念应当区别对待。

1.环境规制强度与环境规制工具存在着密切关系

一方面，环境规制强度与环境规制工具大体呈现正相关关系。也就是说，随着环境规制工具的加强或增多，环境规制的强度也会随之增强，但这种正相关关系并不是绝对的。另一方面，环境规制强度必须通过环境规制工具的实施才能最终实现。环境规制强度是政策实施的结果，这种结果必须通过环境规制政策的实施才能实现，没有环境规制政策的实施，就没有环境治理的结果。

2.环境规制强度与环境规制工具存在着显著不同

第一，不同环境规制工具对企业排污行为的影响不同，单从环境规制强度视角考察有可能会掩盖这些特点。环境规制的实施会对企业生产成本产生影响，从而使得企业做出减产、搬迁或者技术革新等行为，究竟最终的结果是什么，在很大程度上与该种环境规制的种类有关。一般来讲，环境成本内部化程度较低的政策工具，例如城镇环境基础建设投资、公众监督等，对污染企业的排污行为影响并不显著，甚至可能会由于集聚效应使得污染企业向区域内流入；而环境成本内部化程度较高的政策工具，例如排污税、工业污染源治理投资等，会对污染企业的投资和生产产生负面的抑制作用，在满足一定的条件下甚至可能会刺激污染企业通过技术革新来抵消成本的增加。

第二，不同地区的环境政策执行力度存在巨大差异，公开实施的环境规制工具与真正实现的环境规制强度未必是完全同步的。就中国的国情来看，即使颁布相同的环境治理规章制度，在实际执行过程中，各地地方政府的执法力度仍存在着相当的差异，这一现象在经济落后的中西部地区较为明显。究其原因，一方面，地方政府可能会为了"招商引资"而采取"逐底竞争"的战略，放松环境规制。例如，受到分权治理结构和政绩考核机制的影响，加上丰富的环境资源的诱导，西部地区的政府有动机通过明里暗里放松环境规制来降低当地企业的"合规成本"，从而吸引更多的投资来保持地方经济的增长。另一方面，在财政分权体制下，政府倾向于把环境治理投资的费用用于城市环境基础设施建设投资以利于招商引资。但有些基础设施建设（如集中供热、园林绿化、燃气等工程投资）并不会产生环境成本内部化的效果，甚至相反会吸引更多的污染企业入驻，这就掩盖了污染治理投资不足的严峻现实。

第三，不同地区的治污效果存在巨大差异，会造成治污投入和治污效果两个视角下的环境规制强度出现偏离。采用相同或相似的环境规制工具，不同地区的治污效果也可能会出现巨大的差异，尽管其中的原因不甚明了，但仍有一些因素是我们可以思考的。首先，著名的环境库兹涅茨曲线表明，随着收入水平的提高，一国的环境污染呈现出先增加后减少的倒"U"形曲线。但对于其中原因的解释，学者们却存在分歧，观点大体包括技术进步、环保意识、产业结构、污染产业转移等，不可否认的是，经济越发达的地区，环境治理效果越明显。其次，各地对治污投资的利用效率不尽相同。由于受到多方面因素的影响，我国的环境治理投资可能出现使用效率不高、效果不明显等情况，这会使得不同地区环境治理投资的治污效果存在差异。最后，就大气污染来看，治污效果还与地理位置有关，沿海地区的气候更易于污染物的扩散，而内陆地区的扩散效果就要差一些。

综上所述，研究环境规制对中国污染产业区际转移的影响，不仅需要从环境规制强度的视角进行，而且需要从环境规制工具的视角进行。前者有助于解释地区环境规制的加强对污染产业投资区位和区际贸易的影响；而后者则有利于解释究竟何种环境规制工具能够更好地达到理想的政策效果。本书的第四章和第五章是从环境规制强度视角展开的，而第六章则是从环境规制工具视角展开的。

（二）主要的环境规制工具

Bocher（2012）将环境规制分为信息型（或劝导型）、合作型、经济型（或市场激励型）和管制型四类，学界普遍认为经济型环境规制在实现外部成本的内部化上优于其他几类，并且更加动态有效[①]，是环境规制改革

---

① 动态有效是指环境规制能够产生持续激励，并不断刺激创新和减排技术的进

的发展趋势（原毅军、刘柳，2013）。本书按照原毅军和谢荣辉（2016）的思路，将经济型环境规制划分为费用型和投资型两类。费用型环境规制是指环境治理的资金投入中，未形成固定资产且仅有短期（一年以内）影响效果的资金，如与环境相关的税收、监管费用和行政费用等；投资型环境规制是指环境治理的资金投入中，用于形成固定资产且存在长期（一年以上）影响效果的资金，如环境友好型技术投资、环境治理设施投资等。下面对经济型环境规制工具进行简要介绍。

1.排污费征收制度

排污费分为污水排污费、废气排污费、固体废物及危险废物排污费等几类。

从排污费征收规模上来看，1981—2003年排污费征收额呈现缓慢上升趋势，年均增长率为18.91%；2003年开始增速加快，到2007年排污费征收规模达到最大值，2003—2007年均增长率达到29.25%；之后开始缓慢下降，2014年的规模大致与2006年的规模相当，2007—2014年年均增长率为-1.5%[①]。这种增长趋势的原因可能是由于2003年修订了排污费征收管理制度，修订后的《排污费征收使用管理条例》将排污收费由单纯的超标收费改成排污即收费和超标收费并行，征收力度加大导致2003年之后的征收规模迅速增加，但之后企业采取一系列的治污措施开始发挥作用，使得2007年之后的排污费征收规模下降。

与排污费征收规模相比，排污费征收额占地区生产总值的比例更能反映地区环境规制的强度（见表6-1）。从2005年开始，排污费征收比例呈现下降趋势，从2005年的6.63%下降到2014年的2.94%，反映出这一时期来我国费用型环境规制的强度呈现出显著的减弱态势。就三大区域来看，东部地区费用型环境规制强度最弱，而中部和西部的费用型环境规制则相对较强，前者与后二者的差异非常明显。

[①] 此段中数据均为1995年可比价。1981—1990年排污费征收数据来源于《中国环境统计资料汇编》（1981—1990），1991年及之后的数据来自历年《中国环境统计年

表6-1　2004—2014年排污费征收额占地区生产总值的比例

（单位：万分之一）①

年份 地区	2004	2005	2006	2007	2008	2009	2010	2011	2012	2013	2014
全国	5.86	6.63	6.62	6.49	5.58	4.75	4.60	3.92	3.54	3.48	2.94
东部	6.16	5.28	5.18	4.77	3.88	3.38	3.36	2.74	2.47	2.34	2.22
中部	7.19	7.89	8.43	10.04	8.35	6.73	6.11	5.25	4.50	4.37	3.63
西部	7.19	8.75	9.30	8.89	7.14	6.25	5.91	4.90	4.65	4.49	4.23

2.环境污染治理投资总体构成

就环境污染治理投资的规模来看，其在GDP中的比例变化见表6-2。可知，2004年以来环境治理投资的比例呈逐年上升态势，从2004年的1.19%上升到2014年的1.51%，反映出投资型环境规制力度逐渐加强的态势。从三大区域来看，西部地区污染治理投资的比例一直保持在相对较高的水平（在考察期内几乎一直保持第一的位置），且增长速度也较快，说明西部地区在投资型环境规制上的力度较强；东部地区的污染治理投资的增长速度较慢，自2011年之后其投资型环境规制的强度弱于中部和西部，但其前期投资的累积影响仍不容小觑；而中部地区在2011年之前污染治理投资的比例一直在全国水平之下，虽然近年来增长速度加快，但其投资型环境规制的强度仍然低于西部地区。

表6-2　2004—2014年环境污染治理投资占GDP的比例（单位：%）

年份 地区	2004	2005	2006	2007	2008	2009	2010	2011	2012	2013	2014
全国	1.19	1.29	1.18	1.26	1.41	1.31	1.63	1.48	1.55	1.63	1.51
东部	1.18	1.22	1.08	1.12	1.20	1.20	1.41	1.28	1.40	1.30	1.28
中部	1.01	0.98	1.03	0.98	1.11	1.23	1.36	1.50	1.69	1.74	1.52
西部	1.55	1.14	1.18	1.36	1.21	1.34	1.44	1.61	1.68	1.97	1.92

①东部数据为东部地区12个省（市）数据的算数平均值。中部、西部地区的计算方法相同。

环境污染治理投资包括城市环境基础设施建设、老工业污染源治理和建设项目"三同时"投资。其中，城市环境基础设施建设投资包括燃气工程建设投资、集中供热工程建设投资、排水工程建设投资、园林绿化工程建设投资以及市容环境卫生工程建设投资；老工业污染源治理投资包括废水、废气、固体废物、噪声及其他治理项目投资；建设项目"三同时"投资是指建设项目中防止污染的措施必须与主体工程同时设计、同时施工、同时投产使用。"三同时"制度是我国较早的环境规章制度之一，来源于1989年修订的《中华人民共和国环境保护法》，目前"三同时"制度在新建项目中得到了普遍落实。

就环境污染治理投资的构成来看，由表6-3中三类投资在全部投资总额中的比重可知，城镇环境基础设施投资的比重最大，基本上在50%以上；其次是建设项目"三同时"投资，大约占有30%左右；比例最小的是老工业污染源治理投资，大约占有10%的比例。

表6-3　2004—2014年中国环境污染治理投资的结构（单位：%）

年份 结构	2004	2005	2006	2007	2008	2009	2010	2011	2012	2013	2014
城镇环境 基础投资	59.75	54.01	51.24	43.32	40.11	55.51	63.48	64.06	61.34	54.88	57.06
工业污染 源治理	16.13	19.19	18.86	16.31	12.08	9.78	5.97	6.25	6.06	9.12	10.42
"三同时" 投资	24.11	26.80	29.90	40.37	47.81	34.71	30.55	29.69	32.60	36.00	32.52

从三大区域来看，环境污染治理投资的大体结构相似，但在具体比例上略有差异。2004—2014年，中部地区在城镇环境基础设施投资方面投入较多，西部地区则在建设项目"三同时"投资和工业污染源治理方面投入较多（如图6-1所示）。

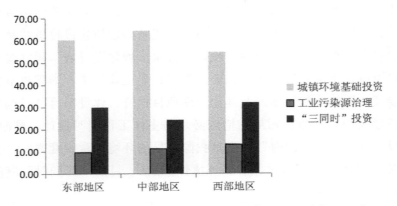

图6-1   2004—2014年三大区域污染治理投资的结构（单位：%）

3.公众参与型环境规制

信息、参与和责任是管制法规制定和执行的三大核心要素。其中，所需的信息主要包括两个方面：一方面是管制机构必须收集并考虑的信息，如相关技术信息和经济信息、公众对管制法规的态度与评价等；另一方面是管制机构必须向公众提供的信息，这种信息既有利于发挥群众的监督作用，又有助于促使被管制者避免违法有关管制规定。健全的信息披露制度对于加强环境管制的作用显著，公众的环保意识不断加强，被管制者遵守环境管制规定的意识不断提高（主要的公众参与型环境规制见表6-4）。

表6-4   中国主要的公众参与型环境规制

管制内容	最早实施时间	管制对象	管制区域
社会舆论监督和公众监督		各种污染行为及企业	全国
清洁生产方式	2002 年	排污企业	全国
环境标志	1993 年	选定行业及产品	全国
ISO 14000	1995 年	企事业单位	全国

（三）不同类别环境规制工具的影响机理

1.费用型环境规制工具对污染产业区位选择的影响

以排污费为例，征缴对象是"直接向环境排放污染物的单位和个体工商户"。由于排污费来源于企业的生产经营资金，费用型环境规制会在短期内迅速引致企业成本上涨，尤其是对于污染密集型企业影响较大，因此大部分文献认为费用型环境规制对企业的成本效应为负值，即环境规制强度的提高会增加企业的生产成本从而诱发企业向区域外转移。

但上述结论如果放在长期的动态视角来看，则可能会发生变化。动态视角下，费用型环境规制影响污染企业区位选择的机制有两种：（1）创新效应。一方面，排污费征收标准不断提高，如2003年之后排污费征收标准由单纯的超标收费改为排污即收费和超标收费并行；另一方面，《排污费征收使用管理条例》鼓励企业改造和使用标准更高的治污设备，如规定排污者建成或改造工业固体废物贮存或者处置，设置符合环境保护标准的，不再缴纳排污费。这些做法无疑增加了企业进行技术创新的动力，通过技术创新来降低生产成本，因此创新效应对污染产业转移的影响为正值。当这种技术创新所带来的成本节约能够抵消缴纳排污费所带来的成本增加的时候，就表现出"强波特假说"。（2）集聚效应。污染密集型产业集中的区域是政府进行污染物排放监控的重点区域，在大量的监管实践中监控管理的效率逐渐提高，因此在污染产业集聚的地区，费用型环境规制的作用可能会增强，从而加大了污染密集型企业的成本压力成为其向区域外转移的推动力，因此集聚效应对污染产业转移的影响为负值。

可见，费用型环境规制对污染密集型产业转移的成本效应为负值、创新效应为正值、集聚效应为负值，因而综合效应方向无法确定。

2.投资型环境规制工具对污染产业区位选择的影响

投资型环境规制包括三类：城镇环境基础设施建设、工业污染源治理投资和建设项目"三同时"投资。这三类投资的性质不同，因此其对污染密集型产业转移的影响也是有差异的。

城镇环境基础设施建设投资一般是由地方政府主导开展的，包括燃气工程建设、集中供热工程建设、排水工程建设、园林绿化工程建设、市容环境卫生工程建设等基础设施建设工程。这些项目的建设周期比较长，投资的资金来源主要是政府的投入和银行的贷款，短期来看对企业的生产成本影响不大，但随着项目建成后效益的显现，会降低单个企业的治污成本，从而吸引更多的企业进入区域内，也就是说长期来看成本效应为正值。但正是因为此类投资的资金并不是由企业直接负担，因此对企业技术创新的激励不足，创新效应并不显著。此外，此类投资的受益对象既包括区域内的企业，也包括家庭和个人，其与工业企业的集聚并没有显著的相关性，因此集聚效应也不显著。可见，城镇环境基础设施建设投资的成本效应短期来看不显著，但长期来看为正值；创新效应和集聚效应都不显著。

工业污染源治理投资是由企业主导进行的对老旧设备的更新改造，包括废水、废气、固体废物、噪声及其他治理项目投资。此类投资的资金来源主要是企业的自有资金或贷款，且工业污染源治理投资的规模远远大于排污费的征收规模①，故其所带来的成本压力在投入初期表现得较为明显，但治污设备正常运行之后污染排放大幅度减少则有利于降低企业的生产成本，因此基于固定资本形成的长期性特征成本效应可能呈现"U"形特征。此外，与费用型环境规制类似，治污投资所带来的成本压力会刺激企业积极进行技术创新活动，工业污染源治理投资的创新效应为正值；而工业企业集聚地区的环境监控更加严厉，会导致工业污染源治理投资的集聚效应为负值。可见，工业污染源治理投资的成本效应和集聚效应为负值，而创新效应为正值。

建设项目"三同时"投资是指建设项目中的生态环境保护内容，即工程建设中的生态环境保护工程应与主体工程同时设计、同时施工、同时投入使用。此类投资的资金来源于工程的承建方，如果是由工业企业筹建，则构成企业生产成本的一部分，因此短期来看，其对污染密集型企业转移的成本效应为负值。但是从长期来看，由于此类投资会对企业技术创新形成刺激作用，也就是说，创新效应为正值。当技术创新所带来的成本削减能够抵消投资所带来的成本增加的时候，建设项目"三同时"投资的成本效应就可能变为正值。此外，由于建设项目"三同时"的投资主体并非仅

---

①例如，2014年全国工业污染源治理投资的规模是排污费征收规模的5.34倍。

限于工业企业，也包括居民住户、政府单位等，因此工业企业的产业集聚并不是主要的影响因素，即集聚效应可能不显著。可见，建设项目"三同时"投资的成本效应和集聚效应均不显著，而创新效应为正。

综上所述，整体来看投资类环境规制对污染密集型产业转移的成本效应和集聚效应的方向是无法确定的，或者说是不显著的；而创新效应很可能表现为对污染密集型产业转移的正效应，即企业为了减少治污投资而积极开展技术创新活动，从而吸引了更多的污染产业投资流入区域内。

3.公众参与型环境规制工具对污染产业区位选择的影响

2015年1月1日开始我国实施的新的《环境保护法》明确赋予了公众参与环境监督的权利，公众参与型环境规制工具正逐渐引起人们的重视。公众参与型环境规制通过间接手段向污染企业施压，迫使企业采取措施减少或者停止污染排放行为。公众参与型环境规制只有达到一定的强度之后，才能够成为改变污染企业行为的有效力量。由于这一类工具并不直接构成企业的成本压力，故成本效应并不显著；同样的，由于缺乏创新激励，其对污染密集型企业转移的创新效应也并不显著。但由于工业企业聚集区的环境污染问题更容易引起公众和舆论的关注，因此公众参与型环境规制对污染密集型产业转移的集聚效应为负，即工业企业集聚地区的公众参与型环境规制效果越明显，越会推动污染密集型产业的外移。可见，公众参与型环境规制工具对污染密集型产业转移的成本效应和创新效应均不显著，而集聚效应为负值。

三类环境规制工具对污染密集型产业转移的预期效应可见表6-5。

表6-5　三类环境规制工具对污染产业转移的预期效应

	费用型	投资类				公众参与型
		总体效应	城镇环境基础投资	污染源治理投资	"三同时"投资	
成本效应	不显著	不显著	+	"U"形	不显著	不显著
创新效应	+	+	不显著	+	+	不显著
集聚效应	–	不显著	不显著	–	不显著	–

二、环境规制工具影响污染产业投资区位的差异分析

(一) 量选择和数据说明

1.变量的选择

本书的核心自变量是环境规制，包括正式环境规制和非正式环境规制。鉴于数据的可得性，本书研究的正式环境规制是指经济型环境规制，包括费用型环境规制（用排污费征收额占地区生产总值的比重作为衡量指标）和投资型环境规制（用治污投资总额占地区生产总值的比重作为衡量指标，又分为三个子项：城市环境基础投资、工业污染源治理投资和建设项目"三同时"环保投资）。

控制变量包括：LB（劳动力成本）、PC（人均资本存量）、CYJJ（产业集聚）、CX（技术创新）。借鉴杨振兵（2015）的方法，LB的衡量指标是各地区工资总额与工业总产值的比重；PC是资本存量与工业从业人数的比值，借鉴陈诗一（2011）的方法计算资本存量；CYJJ的衡量指标是各地区污染密集型产业的工业总产值在全国的区位熵；借鉴原毅军（2015）的方法，选择各地区专利申请受理量作为CX变量的衡量指标。变量的选择及衡量指标列表见表6-6。

表6-6　变量的选择及衡量指标

性质	类别	名称	衡量指标	符号
自变量	正式环境规制	费用类环境规制	排污费征收额占地方生产总值的比重	ERcost
		投资类环境规制	治污投资总额占地方生产总值的比重	ERinv
			城市环境基础投资占地方生产总值的比重	$ERinv_1$
			工业污染源治理投资占地方生产总值的比重	$ERinv_2$
			建设项目"三同时"环保投资占地方生产总值的比重	$ERinv_3$

性质	类别	名称	衡量指标	符号
	非正式环境规制	公众参与型环境规制	收入水平、受教育程度、信访参与度和年龄结构所构成的综合指标	ERinf
因变量	污染产业投资区位		地区污染产业年度投资额	Y
	劳动力成本		各地区工资总额与工业总产值的比重	LB
	人均资本存量		资本存量与工业从业人数的比值	PC
控制变量	产业集聚		各地污染密集型产业的工业总产值在全国的区位熵	CYJJ
	技术创新		各地区专利申请受理量	CX

2.数据来源和统计特征

排污费和环境信访量来源于《中国环境年鉴》，治污投资额来源于《中国环境统计年鉴》；工资总额和工业总产值、固定资产净值和固定资产原值、从业人员人数来源于《中国工业统计年鉴》；专利申请受理量来源于《中国科技统计年鉴》；资本形成总额、固定资产价格指数、教育水平、各地区年龄结构来源于《中国统计年鉴》。由于西藏自治区数据不足，本节研究除西藏之外的30个省（市、区）。

为了验证环境规制的创新效应和集聚效应，将在实证分析中引入拓展项：技术创新与环境规制强度的交叉项（CX×ER）和产业集聚与环境规制强度的交叉项（CYJJ×ER）；为了验证环境规制对污染密集型产业转移的非线性影响，引入环境规制的二次项（ER^2）。为了减弱变量的异方差性，实证分析中对变量取对数纳入模型。工业投资额和资本存量换算成2003年的固定价格。数据的描述性统计见表6-7。

表6-7　数据的描述性统计

变量	指标说明	单位	均值	中位数	最大值	最小值	标准差
ERcost	排污费	%	5.45	4.56	45.96	0.16	4.87
ERinv	治污投资总额	%	1.33	1.20	4.23	0.45	0.63

续表

变量	指标说明	单位	均值	中位数	最大值	最小值	标准差
$ERinv_1$	城镇环境基础投资	%	0.78	0.67	2.74	0.10	0.47
$ERinv_2$	工业污染源治理投资	%	1.78	1.43	11.51	0.07	1.48
$ERinv_3$	建设项目"三同时"投资	%	3.77	3.13	20.41	0.33	2.61
$ERin_f$	公众参与度		1.62	1.50	2.98	0.91	0.41
Y	污染产业投资	亿元	4739	1824	125763	28	13801
LB	劳动成本	%	13.48	10.76	151.29	3.26	13.28
PC	人均资本存量	万元/人	125.49	101.77	806.49	30.47	86.68
CX	技术创新	件	73295	14806	2234560	62	241498
CYJJ	产业集聚水平	%	1.41	1.15	7.15	0.42	0.88

（二）实证分析

1.空间自回归模型

同时包含因变量空间自相关和误差项空间自相关的空间自相关模型（SAC），可表示如下：

$$Y = \lambda WY + \beta X + u$$
$$u = \rho Wu + \varepsilon \qquad (6-1)$$
$$\varepsilon \sim N(0, \sigma^2)$$

其中，λ 表示因变量的空间自相关系数，W 是空间权重矩阵，在实证检验中常作标准化处理。λWY 表示相邻单元的因变量对本地区因变量的影响。u 代表空间误差项，可分为随机误差 ε 和空间误差 ρWu 两部分。ρ 代表空间误差的系数，估计了未知因素对 Y 的空间影响。

本书采用基于邻接性的空间权重矩阵，在R中选择Rook一阶方法来构建30个省（市、区）构建空间权重矩阵。为了消除孤岛效应，按照多数文献的做法，将海南省设置为与广东省相邻。

2.实证分析结果

由表6-8可知，因变量的空间自相关系数在所有模型中均为正值，且在1%水平下显著，表明相邻省（市、区）污染产业投资的增加与本区域内污染产业投资的增加是同向变化的。这充分反映出目前中国污染密集型产业转移的空间黏性特征，即污染密集型产业的转移多发生在相邻地区，地理位置在转移过程中起着显著的作用。而误差项的空间相关系数 ρ 在所有模型中均为负值，且在1%水平下显著。表明除了模型中的自变量和控制变量之外，其他的未知因素也具有空间相关效应，其对本区域承接污染产业投资的总体影响为负值。空间相关系数 λ 和 ρ 的显著性水平都较高，说明本书选择SAC模型是恰当的。通过比较LIK值[①]，除了ERcost的基本模型和ERinf的拓展模型之外，表6-8中其他10个模型都是可信的。

表6-8　环境规制工具对污染产业转移的影响实证结果

	ERcost		ERinv		$ERinv_1$		$ERinv_2$		$ERinv_3$		ERinf	
	基本模型	拓展模型	基本模型	拓展模型	基本模型	拓展模型	基本模型	拓展模型	基本模型	拓展模型	基本模型	拓展模型
ER	-0.002	-0.03	0.06***	-0.03	0.04***	0.03	-0.01	-0.03**	0.01	-0.001	0.07*	0.007
t 值	-1.02	-1.23	2.84	-0.78	3.37	1.39	-1.05	-2.32	0.80	-0.03	1.75	0.04
LB	-0.10***	-0.15***	-0.11***	-0.13***	-0.11***	-0.12***	-0.10***	-0.17***	-0.10***	-0.13***	-0.10***	-0.15***
t 值	-5.19	-6.40	-5.52	-5.98	-5.65	-5.94	-5.19	-6.86	-5.23	-6.20	-5.34	-4.41
PC	0.18***	0.22***	0.19***	0.20***	0.20***	0.22***	0.20***	0.25***	0.20***	0.22***	0.19***	0.22***
t 值	4.04	4.92	4.59	5.02	4.79	5.32	4.15	5.48	4.47	5.02	4.39	2.76
CYJJ	0.046**	0.13***	0.038*	0.10***	0.04**	0.08**	0.045*	0.11***	0.040*	0.09***	0.04*	0.31***
t 值	2.01	3.72	1.72	2.99	1.98	2.51	1.91	3.59	1.64	2.89	1.67	3.63
CX	0.03***	0.05***	0.07***	0.06***	0.07***	0.07***	0.07***	0.05***	0.07***	0.06***	0.07***	0.14***
t 值	3.35	2.62	3.79	3.34	3.85	3.68	3.51	2.71	3.81	3.53	3.57	3.62

①R软件估计SAC模型采用的方法是极大似然法，因此可决系数 R^2 检验失效，应当选择LIK值来判断模型的可信度。一般认为LIK值相差10以内的模型没有显著差异；当LIK值相差10以上的时候，选择LIK值较小的模型是恰当的。

续表

	ERcost		ERinv		ERinv$_1$		ERinv$_2$		ERinv$_3$		ERin$_f$	
	基本模型	拓展模型	基本模型	拓展模型	基本模型	拓展模型	基本模型	拓展模型	基本模型	拓展模型	基本模型	拓展模型
ER^2		0.001**		0.02***		0.02		0.001*		0.001**		0.03
t 值		2.15		3.54		1.48		1.61		2.23		1.30
ER × CYJJ		−0.006**		−0.01**		−0.013		−0.004		−0.002		−0.08***
t 值		−2.28		−1.78		−1.10		−1.04		−1.39		−2.98
ER × CX		0.002***		0.002*		0.002		0.006***		0.005***		0.001
t 值		2.58		1.82		1.36		3.43		2.96		0.43
λ	0.75***	0.69***	0.71***	0.71***	0.71***	0.68***	0.72***	0.66***	0.7***	0.69***	0.7***	0.60***
t 值	12.65	11.28	12.29	13.17	12.09	11.77	10.76	10.29	11.64	11.89	12.07	6.93
ρ	−0.57***	−0.41***	−0.59***	−0.56***	−0.62***	−0.54***	−0.53***	−0.37***	−0.53***	−0.53***	−0.55***	−0.23***
t 值	−5.63	−4.01	−5.92	−5.77	−6.27	−5.12	−5.24	−3.60	−5.21	−5.29	−5.40	−2.69
LIK	86.34	70.51	78.05	80.56	78.05	77.37	73.93	69.46	73.74	77.33	75.67	105.4

注：*、**和***分别代表10%、5%和1%的显著性水平。

将实证结果整理汇总，见表6-9，可知：（1）就成本效应来看，不同类别的环境规制对污染密集型产业转移的影响呈现显著差异。首先，三类环境规制工具表现出差异性。费用型环境规制ERcost对污染密集型产业转移的影响并不显著，而投资型环境规制ERinv以及公众参与型环境规制ERinf的提高则会使本区域承接更多的污染产业投资。其次，投资型环境规制内部也呈现出差异性。城镇环境基础建设投资ERinv$_1$的提高会使本区域承接更多的污染产业投资，工业污染源治理投资ERinv$_2$的提高对污染产业投资的外移呈现先推进后抑制的"U"形特征，而建设项目"三同时"投资ERinv$_3$对污染密集型产业转移的影响却并不显著。（2）就创新效应来看，费用型环境规制ERcost、投资型环境规制ERinv、工业污染源治理投资ERinv$_2$和建设项目"三同时"投资ERinv$_3$的创新效应显著为正，说明此四类环境规制工具的加强能够有效刺激企业的创新活动，对企业的成本压力起到一定程度的缓解作用；而城镇环境基础建设投资ERinv$_1$和公众参与型环境规制ERinf的创新效应并不显著。（3）就集聚效应来看，费用型环境规制ERcost、投资型环境规制ERinv和公众参与型环境规制ERinf的集聚效应显著为负，说明此三类环境规制工具的加强能够在工业集聚地区起到有效的推动污染产业向外转移的作用。

表6-9 环境规制工具对污染产业投资区位的影响

	投资类规制					
	ERcost	ERinv	$ERinv_1$	$ERinv_2$	$ERinv_3$	ERinf
成本效应	不显著	+	+	"U"形	不显著	+
创新效应	+	+	不显著	+	+	不显著
集聚效应	−	−	不显著	不显著	不显著	−
综合效应	不显著	+	+	不显著	不显著	+

总之，从综合效应来看，整体上环境规制的提高并不能对污染产业的向外转移起到有效的推动作用，例如费用型环境规制ERcost、工业污染源治理投资$ERinv_2$和建设项目"三同时"投资$ERinv_3$这三类工具与污染产业投资的关系并不显著。进一步地，投资型环境规制ERinv、城镇环境基础建设投资$ERinv_1$和公众参与型环境规制$ERinf$的综合效应显著为正，说明此三类环境规制的加强会吸引更多的污染投资流入。环境规制工具的异质性特征揭示了上述差异性出现的部分原因。ERcost、$ERinv_2$和$ERinv_3$的资金都直接来源于企业，因此对企业积极开展技术创新活动具有一定的刺激作用，创新效应均表现为正值，但综合效应却表现出不同。（1）对于ERcost来说，一方面，集聚效应和创新效应的符号相反，起到了一定的抵消作用；另一方面，中国现行的排污费收费标准定于1979年，虽然在2003年进行了调整，但排污费征收标准依然普遍偏低，仅为污染治理设施运转成本的50%左右，某些项目甚至不到污染治理成本的10%，因此对企业生产成本的影响有限。以上两个因素导致最终的综合效应表现得并不显著。（2）$ERinv_2$的成本效应呈现为"U"形特征，主要归因于固定资产形成需要较长的时间。而由于中国目前尚处在环保事业的初期，大型治污设施尚未健全，先进的清洁技术也较为缺乏，因此工业企业对污染源治理投资的资金

需求较大,增加环保投资必然会挤占原本用于生产或研发的资源,导致"强波特效应"没有出现。(3)与ERinv$_2$不同,建设项目"三同时"制度于20世纪80年代末期就开始推广,是我国较早的环境规章制度之一。一般认为,投资型规制对排污企业产生的技术创新激励只有在长期内才能充分发挥,实证结果也表明正的创新效应在一定程度上抵消的ERinv$_3$所带来的成本压力,使得最终的综合效应表现得并不显著。此外,投资类环境规制的集聚效应整体表现为负值,而创新效应则表现为正值,且非常显著,使得总的综合效应呈现为正值,即增加治污投资的规模能够吸引更多的污染产业投资进入本区域内,表现出"强波特效应"。最后,对于ERinf来说,创新效应和集聚效应的符号与预期中一样,但综合效应却表现为正值,可能的解释是公众参与型规制较强的地区也是年轻人比例较高、学历较高的地区,这会对工业企业的投资有一定的吸引力,使得污染密集型产业流入。

三、中国四大区域环境规制工具的选择

(一)东部地区

表6-10　东部地区环境规制工具影响污染产业投资的实证结果

	ERcost		ERinv		ERinv$_1$		ERinv$_2$		ERinv$_3$		ERinf	
	基本模型	拓展模型	基本模型	拓展模型	基本模型	拓展模型	基本模型	拓展模型	基本模型	拓展模型	基本模型	拓展模型
ER	−0.02	0.006	0.07**	0.114	0.07***	0.10***	−0.02	0.007	0.02	0.03	0.09	−0.17
t值	−0.65	0.20	2.01	1.50	2.89	2.80	−1.30	0.25	1.30	0.83	1.37	−0.75
LB	−0.18***	−0.19***	−0.17***	−0.19***	−0.17***	−0.17***	−0.18***	−0.21***	−0.18***	−0.20***	−0.18***	−0.19***
t值	−6.38	−6.68	−6.27	−6.24	−6.07	−5.98	−6.19	−6.84	−6.23	−6.29	−6.43	−5.52
PC	0.34***	0.39***	0.31***	0.34***	0.31***	0.32***	0.37***	0.35***	0.34***	0.38***	0.34***	0.32***
t值	4.20	4.47	4.31	4.24	4.37	4.17	4.53	4.48	4.58	4.8	4.63	4.05
CYJJ	0.07	0.21***	0.07*	0.13*	0.08*	0.12**	0.06	0.19***	0.06	0.08	0.07	0.28***
t值	1.42	3.60	1.66	1.84	1.84	2.09	1.21	3.32	1.22	1.13	1.46	2.99

	ERcost		ERinv		ERinv$_1$		ERinv$_2$		ERinv$_3$		ERinf	
	基本模型	拓展模型	基本模型	拓展模型	基本模型	拓展模型	基本模型	拓展模型	基本模型	拓展模型	基本模型	拓展模型
CX	0.25***	0.12**	0.23***	0.19***	0.22***	0.19***	0.25***	0.17***	0.25***	0.21***	0.24***	0.21***
t值	8.00	2.44	7.51	4.83	7.24	4.94	7.96	4.76	8.14	5.11	7.89	5.40
ER^2		−0.001**		−0.01		−0.02		0.0005		−0.0004		0.05*
t值		−2.37		−0.61		−1.02		0.12		−1.10		1.83
ER×CYJJ		−0.03***		−0.01		−0.02		−0.0**		−0.006		−0.07**
t值		−2.97		−0.69		−0.62		−1.97		−0.32		−2.31
ER×CX		0.002***		0.002*		0.002**		0.004**		0.007*		0.003**
t值		2.59		1.81		2.35		2.34		1.87		2.12
λ	0.31***	0.39***	0.37***	0.39***	0.38***	0.42***	0.27***	0.39***	0.30***	0.31***	0.33***	0.42***
t值	5.47	5.31	4.77	4.98	5.04	5.67	2.88	4.79	3.75	3.90	4.18	5.46
ρ	0.13	0.04	0.38	0.02	−0.004	−0.04	0.14	−0.02	0.14	0.14*	0.10	0.03
t值	1.49	0.41	0.43	0.18	−0.05	−0.43	1.58	−0.23	1.58	1.71	1.16	0.30
LIK	21.46	15.07	25.55	26.37	26.98	22.44	18.82	22.5	23.01	20.69	26.03	32.66

由表6-10可知，东部地区环境规制影响污染产业投资的一个显著特征是，创新效应的表现较为突出，六种环境规制对技术创新的激励效应都是显著的。不同的是，城镇环境基础建设和污染治理投资总体表现出"强波特假说"，而费用型环境规制、工业污染源治理投资、建设项目"三同时"投资领域和公众监督则表现出了"弱波特假说"。其原因包括两个方面：一是成本效应，后者的资金主要来源于工业企业的自有资金和银行贷款，对企业的生产成本构成较大压力，而城镇环境基础建设的资金则主要来源于政府，对企业的生产成本没有太大影响。二是集聚效应，费用型环境规制、工业污染源治理投资和公众参与型环境规制在工业集聚地区表现出显著的负效应，即在工业集聚地区征收排污费和监控污染源的执法效果明显增强、公众对排污行为的关注强度更高，对污染产业投资形成了显著的外推力。上述两个原因共同导致，虽然六类环境规制工具对技术创新都有一定的刺激作用，但城镇环境基础设施建设的增加能够显著降低工业企业的生产成本从而吸引更多污染产业投资；而费用型环境规制、工业污染源治

理投资、建设项目"三同时"投资和公众监督四类规制的技术创新效应尚无法完全抵消规制强度提高所带来的成本增加。

（二）中部地区

中部地区的实证结果呈现出一些与众不同的特点（见表6-11）。

表6-11　中部地区环境规制工具影响污染产业投资的实证结果

	ERcost		ERinv		$ERinv_1$		$ERinv_2$		$ERinv_3$		ERinf	
	基本模型	拓展模型	基本模型	拓展模型	基本模型	拓展模型	基本模型	拓展模型	基本模型	拓展模型	基本模型	拓展模型
ER	0.03	0.08*	-0.041	-0.21***	-0.02	-0.10**	0.01	0.05	-0.02	-0.09**	0.04	-0.07
t 值	0.72	1.73	-0.94	-3.54	-0.70	-2.49	0.59	1.45	-0.73	-2.56	0.61	-0.21
LB	-0.10*	-0.10*	-0.14***	-0.12***	-0.13***	-0.12**	-0.13***	-0.13***	-0.15***	-0.18***	-0.15***	-0.11**
t 值	-1.82	-1.79	-3.03	-3.06	-2.78	-2.49	-2.85	-2.98	-3.13	-4.23	-3.06	-2.29
PC	0.14***	0.10*	0.17***	0.06	0.17***	0.13**	0.14**	0.10	0.17***	0.14***	0.17***	0.11*
t 值	2.76	1.65	3.24	1.06	3.09	2.28	2.27	1.54	3.16	2.7	3.04	1.79
CYJJ	0.02	0.07	0.04	0.10	0.04	0.0004	0.04	0.08	0.05	0.15**	0.04	0.33**
t 值	0.37	1.00	0.85	1.33	0.71	0.007	0.73	1.42	1.02	2.07	0.76	2.29
CX	0.13***	0.12***	0.16***	0.11***	0.15***	0.09**	0.13***	0.13***	0.15***	0.14***	0.14***	0.11***
t 值	4.52	2.08	5.07	2.98	5.12	2.24	4.41	3.81	5.00	3.84	4.88	2.57
ER^2		0.003		0.05**		0.02		0.003		0.005**		0.06
t 值		1.02		2.30		0.69		0.77		2.44		0.95
ER×CYJJ		-0.006		-0.02		0.03		-0.02		-0.01		-0.10**
t 值		-1.21		-0.77		0.87		-1.31		-1.14		-2.11
ER×CX		0.007		0.004		0.01		0.008		0.001		0.004
t 值		0.13		1.01		1.37		0.94		0.97		0.66
λ	0.69***	0.73***	0.605***	0.74***	0.62***	0.71***	0.66***	0.70***	0.61***	0.66***	0.61***	0.72***
t 值	8.21	7.44	7.46	10.27	7.39	8.70	7.04	7.51	7.45	8.96	7.26	8.36
ρ	-0.24***	-0.26***	-0.21***	-0.31***	-0.19***	-0.29***	-0.23***	-0.32***	-0.20***	-0.32***	-0.19**	-0.29***
t 值	-3.43	-3.70	-2.97	-5.03	-2.71	-4.27	-3.27	-4.62	-2.85	-4.97	-2.63	-4.25
LIK	30.06	33.42	25.39	34.69	25.84	30.40	27.16	30.40	24.36	31.34	23.43	31.34

就创新效应来看，六种环境规制工具的实证结果均表明创新效应不显著，即使是"弱波特假说"在中部地区也可能是不存在的。可能的原因包括：（1）投资结构。在对创新刺激作用较为明显的治污投资方面，中部地区的环境规制强度长期低于东部和西部地区，例如从2004年到2010年中部地区环境污染治理投资占地区生产总值的比重一直是最低的，从2012年到2014年上述比例也仍然低于东部和西部地区。并且具体来看，在中部地区的环境污染治理投资中所占比例最大的是创新激励作用较弱的城镇环境基础建设投资，这与东、西部地区在建设项目"三同时"投资和工业污染源治理投资方面比重较大的结构是不同的。（2）激励强度不足。一方面，虽然中部地区自2007年之后在排污费规制强度[①]上高于其他三个地区，但自此之后排污费征收额占地区生产总值的比例呈迅速降低之势，与其他地区的差距逐渐缩小；另一方面，2012年之后工业源治理投资和建设项目"三同时"投资的比例才逐渐加大。创新作用的发挥需要一定的时间积累，上述两个原因导致中部地区环境规制对技术创新的激励机制尚未充分发挥作用。

就成本效应来看，部分环境规制工具对于中部地区淘汰污染产业具有显著推动作用。费用型环境规制、城镇环境基础设施建设投资与污染产业投资呈现显著的负相关关系；治污投资总体、建设项目"三同时"投资与污染产业投资之间则呈现"U"形关系。而公众参与型环境规制则只有在产业集聚地区才表现出对污染产业投资的抑制作用。

（三）西部地区

与一般的研究结论不同，本书实证结果表明，与东部地区类似，西部地区同样存在着明显的创新激励效应（见表6-12）。

---

①排污费规制强度是指排污费征收额占地方生产总值的比例。

表6-12　西部地区环境规制工具影响污染产业投资的实证结果

	ERcost 基本模型	ERcost 拓展模型	ERinv 基本模型	ERinv 拓展模型	ERinv$_1$ 基本模型	ERinv$_1$ 拓展模型	ERinv$_2$ 基本模型	ERinv$_2$ 拓展模型	ERinv$_3$ 基本模型	ERinv$_3$ 拓展模型	ERinf 基本模型	ERinf 拓展模型
ER	−0.05	−0.10	0.06*	−0.003	0.02	−0.001	−0.03	−0.06**	0.02	0.007	−0.02	−0.26
t 值	−1.17	−1.58	1.66	−0.07	0.99	−0.05	−1.23	−2.08	1.05	0.42	−0.24	−1.03
LB	−0.09*	−0.18***	−0.07*	−0.13***	−0.07	−0.08*	−0.07*	−0.13***	−0.08*	−0.10**	−0.06	−0.13**
PC	0.16*	0.20**	0.13*	0.16**	0.13	0.17**	0.18*	0.15*	0.17*	0.11	0.14	0.21**
t 值	1.85	2.47	1.79	2.24	1.59	2.17	1.88	1.74	1.92	1.46	1.64	2.52
CYJJ	0.05	0.17**	0.03	0.14***	0.03	0.11**	0.03	0.07	0.03	0.10**	0.03	0.20***
t 值	1.32	2.35	0.98	2.58	0.99	2.13	0.89	1.5	0.82	2.21	0.87	2.80
CX	0.02	−0.004	0.02	0.004	0.02	0.03	0.003	0.03	0.002	0.03	0.02	
t 值	0.70	−0.16	0.75	0.18	0.71	1.04	1.12	0.13	1.15	0.10	0.93	0.84
ER^2		0.007*		0.01*		0.03*		0.005		0.004**		0.06
t 值		1.69		1.93		1.91		0.55		2.20		1.23
ER×CYJJ		−0.003		−0.01		−0.03*		0.001		−0.002		−0.03*
t 值		−0.81		−1.23		−1.66		0.34		−0.96		−1.89
ER×CX		0.008*		0.02*		0.01		0.02***		0.02**		0.01*
t 值		1.70		1.87		0.91		2.91		2.28		1.68
λ	0.80***	0.75***	0.84***	0.78***	0.841**	0.784**	0.79***	0.80***	0.78***	0.84***	0.83***	0.74***
t 值	7.64	7.81	9.86	9.51	8.67	8.59	7.13	8.02	7.60	10.17	7.99	7.69
ρ	−0.71***	−0.37***	−0.83***	−0.68***	−0.76***	−0.65***	−0.61***	−0.51***	−0.69***	−0.84***	−0.74***	−0.37***
t 值	−8.63	−4.21	−10.70	−8.82	−9.29	−8.04	−7.07	−6.17	−8.33	−11.40	−9.03	−4.29
LIK	107.7	93.33	118.9	117.9	111.2	113.2	103.4	104.8	108.8	126.7	110.6	99.21

　　除了城镇环境基础建设投资之外，其余五种环境规制工具都显示出了显著的创新效应，并且在整体治污投资方面表现出了"强波特假说"。西部地区之所以创新效应显著，在很大程度上可归因于环境规制工具的结构特点。首先，就投资类环境规制来看，西部地区在工业污染源规制强度和建设项目"三同时"规制强度[①]两个指标上都是四个地区中最高的；其次，2004 年之后西部地区的排污费规制强度仅次于中部地区，远高于全国平均

――――――――――

　　①工业污染源规制强度和建设项目"三同时"规制强度分别是指工业污染源投资和建设项目"三同时"投资占地方生产总值的比例。

水平。上述三类环境规制相对更加容易激发出技术创新效应，可见与中部地区"先污染后治理"的老路不同，西部地区在承接国内外产业转移的同时并没有放松环境规制，而是走出了一条以技术创新来控制污染排放的可持续发展之路。就集聚效应来看，建设项目"三同时"投资和公众参与型环境规制显著为负，在一定程度上抵消了技术创新所带来的正效应，在综合效应上表现为不显著。

（四）东北地区

表6-13　东北地区环境规制工具影响污染产业投资的实证结果

	ERcost		ERinv		ERinv$_1$		ERinv$_2$		ERinv$_3$		ERinf	
	基本模型	拓展模型	基本模型	拓展模型	基本模型	拓展模型	基本模型	拓展模型	基本模型	拓展模型	基本模型	拓展模型
ER	-0.98***	-1.19***	-0.39**	-0.89***	-0.20	-0.58	-0.07	-0.09**	-0.14*	-0.33**	-0.02	1.51
t 值	-9.03	-5.93	-2.07	-2.98	-1.46	-1.66	-0.61	-2.49	-1.79	-2.59	-0.03	0.85
LB	-0.55***	-0.57***	-0.47**	-0.48**	-0.44**	-0.47***	-0.35	-0.38	-0.58**	-0.54**	-0.44**	-0.54**
t 值	-5.74	-6.12	-2.51	-2.79	-2.27	-2.58	-1.28	-1.32	-2.78	-2.51	-2.01	-2.29
PC	0.38**	0.38**	0.20	-0.10	0.23	0.14	0.62	0.60	0.24	0.11	0.41	0.28
t 值	2.29	2.02	0.57	-0.31	0.64	0.39	1.27	1.26	0.66	0.32	1.09	0.78
CYJJ	0.40***	0.44***	0.44**	0.20	0.37*	0.34	0.26	0.30	0.62**	0.09	0.38	-0.03
t 值	3.48	2.97	1.96	0.78	1.51	1.28	0.77	0.63	2.37	0.27	1.49	-0.90
CX	-0.004	-0.20	0.08	0.35*	0.13	0.37	-0.01	-0.04	-0.08	0.13	-0.03	0.25
t 值	-0.04	-1.07	0.38	1.68	0.55	1.51	-0.04	-0.14	-0.37	0.58	-0.11	0.92
ER^2		0.004		0.21**		0.50		-0.002		0.008		-0.51
t 值		1.25		2.23		1.56		-0.08		1.40		-0.90
ER×CYJJ		-0.003		0.13		0.04		-0.01		-0.008*		0.29
t 值		-0.02		1.01		0.21		-0.06		-1.73		1.40
ER×CX		0.02		-0.13**		-0.17		0.03		-0.05**		-0.13
t 值		0.76		-2.03		-1.43		0.25		-2.01		-1.16
λ	-0.13	0.03	0.49	0.52*	0.40	0.39	0.15	0.14	0.66*	0.80**	0.40	0.47
t 值	-0.79	0.16	1.52	1.75	1.24	1.17	0.29	0.30	1.87	2.34	1.08	1.16
ρ	-0.07	-0.17*	-0.12	-0.11	-0.14	-0.11	-0.11	-0.11	-0.10	-0.08	-0.13	-0.15
t 值	-0.81	-1.97	-0.63	-0.70	-0.73	-0.65	-0.57	-0.54	-0.51	-0.50	-0.64	-0.80
LIK	-76.21	-80.11	-3.21	1.86	-3.11	-2.44	-56.32	-73.59	-14.08	-4.24	-14.26	-11.57

　　由表6-13可知，东北地区的环境规制对污染产业投资能够起到相当程度的抑制作用。尤其是征收排污费、治污投资总体和建设项目"三同时"投资，与污染产业投资呈现出显著的负相关关系。而事实上在东北地区，此三种环境规制的强度均低于全国平均水平，说明东北地区污染产业投资对此三种环境规制较为敏感；但就城镇环境基础建设投资来看，虽然其强度仅次于中部地区，但对污染产业投资却无法起到有效的抑制作用。就创新效应来看，不论是"强波特假说"还是"弱波特假说"，在东北地区都失效，甚至治污投资总体和建设项目"三同时"投资两类规制表现出了负的创新效应，可见，除了环境规制之外，刺激企业创新的因素有多种，东北地区在污染产业投资领域显示出了衰退阶段的特征。此外，建设项目"三同时"投资的集聚效应显著为负；而公众监督则显得较为薄弱，在三类效应上均不显著。

　　进一步地，将实证研究结论归纳为表6-14。

表6-14　环境规制工具对四大区域污染产业投资区位的影响

| | | ERcost | 投资类规制 | | | | ERinf |
			ERinv	ERinv$_1$	ERinv$_2$	ERinv$_3$	
东部地区	成本效应	不显著	不显著	+	不显著	不显著	不显著
	创新效应	+	+	+	+	+	+
	集聚效应	−	不显著	不显著	−	不显著	−
	综合效应	不显著	+	+	不显著	不显著	不显著
中部地区	成本效应	−	"U"形	−	不显著	"U"形	不显著
	创新效应	不显著	不显著	不显著	不显著	不显著	不显著
	集聚效应	不显著	不显著	不显著	不显著	不显著	−
	综合效应	不显著	不显著	不显著	不显著	不显著	不显著
西部地区	成本效应	不显著	不显著	不显著	+	不显著	不显著
	创新效应	+	+	不显著	+	+	+
	集聚效应	不显著	不显著	不显著	不显著	−	−

续表

		ERcost	投资类规制				ERinf
			ERinv	ERinv$_1$	ERinv$_2$	ERinv$_3$	
西部地区	综合效应	不显著	+	不显著	不显著	不显著	不显著
东北地区	成本效应	−	"U"形	不显著	−	−	不显著
	创新效应	不显著	−	不显著	不显著	−	不显著
	集聚效应	不显著	不显著	不显著	不显著	−	不显著
	综合效应	−	−	不显著	不显著	−	不显著

四、本章小结

　　本书以不同环境规制工具对污染产业投资的影响为研究对象。将环境规制工具分为费用型、投资型和公众参与型三类，分别从成本效应、创新效应、集聚效应和综合效应四个方面深入剖析了不同环境规制工具对污染产业投资的作用机制。利用2004—2014年省际工业面板数据，运用SAC方法在全国层面和四大区域层面进行实证分析。主要结论如下：

　　第一，费用型、投资型和公众参与型环境规制对污染产业投资的影响是不同的。费用型环境规制工具对污染产业投资的影响不显著，但提高投资类和公众参与型环境规制却有利于本地区承接污染密集型产业。此外，三者的作用机制也并不相同。费用型环境规制可在短期内迅速增加企业成本，投资类环境规制的资金来源包括政府补贴、企业自筹和银行贷款等方式，因此对工业企业成本的影响有限，而公众参与型环境规制对工业企业并不构成直接的成本压力。就创新效应来说，费用型和投资型环境规制都能够对工业企业产生技术创新的刺激作用，只不过前者表现出"弱波特假说"，后者表现出"强波特假说"。再就集聚效应而言，在工业集聚地区上述三类环境规制对污染产业投资的限制作用均表现得更为明显。

　　第二，投资类环境规制内部也表现出明显的差异性。三类投资型环境规制与污染产业投资的关系各不相同，城市环境基础建设投资的提高会使

—171—

得本地区吸引更多的污染密集型产业，而工业污染源治理投资和建设项目"三同时"投资对污染产业投资的影响则并不显著。在创新效应方面，前者表现出"强波特假说"，而后二者表现出"弱波特假说"现象。而就集聚效应来说，三者的集聚效应都不显著。通过对比可知，三类投资类环境规制与治污投资总体的实证结果并不一致，这就表明，对投资类环境规制进行进一步细分的研究是有意义的。

第三，对于东部地区来说，环境规制影响污染产业投资的一个显著特征是对技术创新的刺激效应较为突出，不同的是，在城镇环境基础建设和整体治污投资方面表现出"强波特假说"，而费用型环境规制、工业污染源治理投资、建设项目"三同时"投资领域和公众监督则表现出了"弱波特假说"。但是，提高环境规制对污染产业外移的推动作用并不显著，单纯依靠环境规制以达到淘汰污染产业的目的可能是难以实现的，但随着东部地区劳动、土地等生产要素成本的增加，会对污染产业的外移起到显著的推动作用。

第四，对于中部地区来说，一些环境规制的提高能够对污染产业的投资有着显著影响，如费用型环境规制、城镇环境基础设施建设投资与污染产业投资呈现显著的负相关关系；治污投资总体、建设项目"三同时"投资与污染产业投资之间则呈现"U"形关系。但是，环境规制对污染企业的技术创新刺激不显著，即使是"弱波特假说"在中部地区也可能是不存在的。

第五，对于西部地区来说，提高环境规制并不会造成污染产业的外移，相反，提高环境规制会通过激励企业创新在一定程度上缓解企业的成本压力。同时，并没有足够证据能够证明西部地区的环境规制水平显著地低于中部地区和东部地区。但值得注意的是，随着东西部之间劳动力等生产要素成本差距的加大，会出现污染企业向西部迁移的趋势。

第六，对于东北地区来说，环境规制对污染产业投资能够起到相当程度的抑制作用。尤其是征收排污费、治污投资总体和建设项目"三同时"投资，与污染产业投资呈现出显著的负相关关系。与中部地区一样，东北地区环境规制的技术创新效应不显著。这些都反映出东北地区在污染产业投资领域显示出了衰退阶段的特征。

第七章　区域协同治理推进
污染产业有序转移的建议

一、因地制宜加强区域环境治理

以环境质量提升和经济绿色增长为目的的环境规制，存在以下几点固有缺陷：从规制主体来看，环境规制实行中央与地方政府分权治理，中央政府在规制方向及范围保有政治权威，但具体规制细则与执行都分配于地方政府。委托人中央政府与代理人地方监管部门出于不同立场，易产生利益冲突。基于地方经济命脉考虑，资源丰裕区域的地方环保监管部门更倾向于与大型国有资源型企业妥协，而导致监管不力或规制俘获出现；就规制方式来说，多为事后处罚与事中排污额的征收，缺乏对企业事前绿色行为选择的引导；在规制形式上，多采用政策法规出台、行政命令型等正式环境规制，缺乏对社会声誉等非正式规制的运用，致使环境监管成本高、难度大、效果欠佳；此外，在政策制定上，各地方政府存在盲目性，缺乏对地区间环境规制水平适度差异的权衡和企业异质性的考察。

（一）基于不同的经济发展目标选择适宜的环境规制措施

第一，对于东部地区来说，产业结构优化升级是当前经济发展的重点，单纯依靠环境规制以达到淘汰污染产业的目的可能是难以实现的。随着东部地区劳动、土地等生产要素成本的增加，会对污染产业的外移起到显著的推动作用。就环境规制政策来说，由于目前的排污费制度是一种超标收费制度，对企业的环境约束力不强、寻租空间较大，因此应加快推进排污费向环境税的改革，以充分发挥环境税的"双重红利"；同时，提高公众参与环境监督的环保意识，完善民众环保诉求的表达渠道，在产业集聚地区加强费用型环境规制的落实和工业污染源治理的监管，以起到事半功倍的效果，也有助于激励企业成为创新主体和环保主体。同时，东部省份之间应加强环境规制政策的联动性，孤立的环境政策效果会被周边地区的空间溢出效应所抵消。

第二，对于中部地区来说，应当在控制污染产业投资的同时，尽量降低环境的负面影响。政策方面，应进一步完善环境规制体系、优化环境工具结构。在加强现有规制水平的基础上，注重多种环境规制工具的组合、配套使用。目前在中部地区，政府主导型环境规制（如征收排污费、城市环境基础建设等）比重较大，应重视有利于激发企业自主环保行为的环境规制工具，借鉴发达国家的经验，如日本的循环经济政策、美国的排污权交易等，加快环境规制工具的创新，充分发挥政府在环境保护中的强制和引导作用，综合运用工业污染源治理、排污权交易、信息披露、舆论监督、公众参与等环境规制工具，以实现节能减排的目标并激发企业的创新动力。要重视环境规制对中部省（市、区）污染产业投资的显著抑制作用，可以采取征收累进环境税等方法，即当排放超过一定量时提高税率，以激励企业减少单位产品污染排放。另一方面，应激励企业提高治污技术及清洁生产技术，从源头给予控制，减少污染排放总量。

第三，对于西部地区来说，应当在有选择地承接污染产业的基础上实现经济与环境共赢。提高环境规制并不会造成污染产业的外移，相反，提高环境规制会通过激励企业创新在一定程度上缓解企业的成本压力。同时，并没有足够证据能够证明西部地区的环境规制水平显著地低于中部地区和东部地区。但值得注意的是，随着东西部之间劳动力等生产要素成本差距的加大，会加剧污染企业向西部迁移的趋势。因此，从长期来看，应当在缩小区域经济差距的同时，完善公众监督和参与环保的相关制度、重点选择在产业集聚地区加大环境规制的执法力度，将有利于西部地区逐步淘汰落后产能以实现产业结构升级。一方面，地方政府在招商引资时不能采取"一刀切"的政策，应当对污染企业和污染项目进行筛选，结合当地资源条件并评估环境容量，选择对当地经济具有良好拉动作用的优质项目；另一方面，对企业治污技术的研发等给予税收优惠或者补贴，激励企业通过技术研发来降低污染排放强度，使污染密集型产业的转入变为一种优势，而不是单纯排斥污染产业。

第四，对于东北地区来说，应充分利用环境规制工具来推动污染密集型产业外移，但同时应注重优化投资环境、培养新的经济增长点。环境规制工具的选择方面，应适当控制城镇环境基础建设的投资规模，重视对工业污染源的监管、建设项目"三同时"投资的执行和对超标企业排污费的征收，同时可引导公众和舆论加强对环保问题的监督和参与。更为重要的是，应下力气优化投资环境，增强企业信心，减少政府对市场机制的过度干预，吸引优质的企业流入，以创造新的经济增长点。

（二）基于不同的企业特征选择适宜的环境规制措施

环境规制着眼于可能带来的社会效益，而企业转型关注的则是私人成本与转型收益。环境规制的实施过程中充满了不确定性。就绿色行为实施成本高、风险大的污染性企业而言，精心制定的环境规制能触发其绿色行为选择，但规制力度过强，超出企业承受能力与范围，反而会削弱企业绿色转型的意愿。一方面，使得资源实际控制者环保监管部门与企业间易出现"规制俘获"；另一方面，企业大多会被迫选择向环境规制较为宽松的区域转移或关停，这均不利于环境质量的改善与地区经济增长，而规制力度较弱则难以起到预期的规制效果。因此提出以下建议：

第一，对于不同资产打造的污染性企业，应根据其特点采取适当的环境规制标准。注重"控制型"与"激励型"环境规制工具的综合运用、执行力度与实施效果。在企业更为关注短期转型成本时，充分发挥命令型环境规制对企业绿色行为选择倒逼作用的同时，更应注重事前激励型环境规制的运用。命令型环境规制具体表现为减排目标的科学确定、污染治理投资额的新增多少以及治污效果的排查，也包括事后的奖励惩处等的实施。事前激励型环境规制则更多针对不同行业、企业及其项目通过给予直接的绿色转型补贴和间接的税收优惠去激励企业进行绿色创新、污染治理与清洁转型。

然而，转型补贴与税收优惠二者的补给对象与方式又截然不同。创新补贴主要是以绿色创新、节能减排项目为主来实施重点支持，采取单次或分批次的直接补给方式，政府选择性较强；对于资源缺乏的污染性企业来说，税收优惠则是间接性的扶持政策，实质是政府税收的间接让渡，更具普惠型，且对市场的干预也较小。转型补贴与税收优惠都会直接降低污染性企业的合规与转型成本，也增加了企业绿色转型前的预期收益，二者均是政府扶持污染性企业清洁生产、绿色转型的重要手段。税收优惠更具有普惠型。当前，既需要命令型环境规制的强制性约束，又需要激励型环境规制针对不同行业、领域的绿色创新，清洁转型按不同的扶持力度区别对待，既要看到补贴资助的针对性，也应看到税收政策所具有的普惠性，将命令型环境规制的强制性与市场型环境规制的激励性相结合。

第二，用非代理人控制——第三方机构（如独立的媒体或告密者）提供透明化管理，减少代理人——监管部门决定相关信息的披露权。为防止环保监管部门与被规制企业间的合谋，而引入非代理人控制——第三方机构来实行透明化管理，来保证环境规制实施的有效性。在代理人控制情形下，环保监管部门是被委托的制度代理人，政府是不知情的委托人，制度代理人决定着环保信息的披露，掌握着评判污染性企业是否合规的裁量权，基于代理人自利动机，使资源实际控制者环保监管部门与污染性企业之间容易产生寻租行为，出现"规制俘获"。

而在非代理人控制即第三方机构管理情形下，鉴于第三方机构（如独立的媒体或告密者）的信息披露与监管并不受代理人约束，直接提高了信息披露以及监管过程中的透明度，增加了代理人扭曲披露信息的风险与难度，甚至直接避免了代理人基于自利动机而使信息披露的扭曲，这也间接增加了企业的寻租成本与监管部门接受寻租的心理预期，同时采取奖金激励与处罚警示，降低资源实际控制者参与寻租腐败活动的自利动机。

（三）基于区域发展差距维持地区间合理的环境规制差异

地区间环境规制水平的差异，直接影响了地区污染产业转移的流向以及新兴产业的培育与发展情况，进而影响着各地区的经济表现以及增长的可持续性。多数文献显示，环境规制力度的区域差异性形成的成本级差将导致污染性产业趋向于转移至环境规制水平较弱的地区。从实证结果来看，环境规制约束下的污染产业转移对地区经济增长有明显的负向作用，而新兴产业的发展则显著刺激了经济增长，可见，环境规制约束下的产业结构变迁对经济增长的影响最终取决于二者的综合作用。若单纯仅停留于污染产业转移，则侧面反映出环境规制在空间区域范围内的缺陷、冲突，由环境规制强度的地区异质性引发的污染产业会加剧地区经济增长的不可持续性，与此同时，环境污染也并没得到有效治理。

因此，从整体而言，环境规制水平与方式的选择要结合地区内部产业特征，着眼于污染性产业的绿色转型、产业结构的丰富化、高度化发展而形成一定的差异。具体来说，应做到以下两点：

第一，合理的环境规制水平既要在地区内部的环境质量与经济增长间进行权衡，又要在平衡区际的环境污染程度以及产业内部构成。鉴于地区间环境规制力度的差异性会对企业绿色创新行为选择以及产业结构调整方向产生不同的影响：环境规制强度过高，企业绿色创新成本随之增加，创新收益回收期延长，降低企业绿色技术创新意愿；环境规制过于宽松，又无法起到激励企业绿色创新的最佳效果，且在环境监管实施的过程中，需要考虑到环境污染具有跨区域特征。因此，合理的环境规制水平，既要在地区内部的环境质量与经济增长间进行权衡，触发企业绿色转型、产业结构清洁化、高度化调整，又要平衡区际的环境污染程度以及产业内部构成。

第二，对不同污染产业实行分类管理，在污染性产业居主导地位的地区应适时提升环境规制水平，加强对生产各环节的监控。污染性产业居主导地位的地区，在抑制污染产业规模扩张的同时，要出台并严格遵守相关环境法规，加强对其技术升级、工艺改造、清洁生产以及污染物排放等的监控，倒逼其对现有资源进行重新整合，倾斜于减污降排，积极进行污染治理；并向相关联产业转型、清洁型产业转轨，最终达到经济持续增长与环境治理提升的共赢态势。

二、选择适宜的环境规制工具

（一）优化环境规制工具组合，有序推动污染产业转移

不同环境规制工具对污染产业转移的影响存在着显著的差异，只有认清各自的作用机制才能够精准地选择恰当的环境政策推动污染产业的有序转移。

第一，强化治污绩效型环境规制工具，有利于加快污染密集型落后产

能的淘汰。实证结果表明，侧重于治污绩效的环境规制工具能够有效抑制污染产业向区域内的转移，而治污投资类环境规制工具则可能会吸引更多的污染产业，因此应提高对治污绩效型环境规制工具的重视程度，强化其执行效果。一方面，完善环境保护的相关法律法规，适时提高污染排放的标准，加大对污染物排放的监督和监管力度；另一方面，积极推进排污费向环境税改革的进程，激励企业成为创新主体和环保主体。

第二，提升公众环保意识，建立完善公众参与环保的长效机制。2015年9月1日《环境保护公众参与办法》正式公布施行，标志着公众参与环保制度的初步形成，确保其落地实施的效果成为当前阶段的工作重点。对于政府来说，应当畅通公众表达环保诉求的渠道，建立及时、完善的问题反馈机制；提高环境事件的反应速度和处置能力，及时向公众披露环境信息。对于公众来说，应积极组建或参与各类环保组织，及时关注环境问题，以主人翁的身份参与环保活动。对于传播媒体来说，应当担负起舆论监督的责任，引导公众关注环境事件和环保建设，为环境问题的解决提出建设性的有益建议，共同构建公众参与的环保长效机制。

第三，加强排放的分类监控与精细化管理。环境监管部门应借鉴国际上发达经济体环境治理的经验，结合我国实际情况，针对大气、土壤和水资源等的污染进行排查，提取关键污染源、主要污染产业和企业；针对关键源、污染环节和主要污染企业进行分类，制定并实施分类环境监控，包括针对污染源的分类监控、针对不同经济梯度地区的分类监控、针对重点污染行业的分类监控和针对重点污染企业的分类监控。同时，对大气、水和土壤的保护应当以环境质量的改善为核心，建立一套精细的环境质量目标体系，将精细化管理的规划目标与各种针对性的管理措施之间建立关系，形成可监测、可评价、可考核、可追责的精细化管理目标指标体系，并将其贯穿于环境保护规划制定和实施的全过程。

（二）构建多层次环境协同治理体系，实现环境与产业发展的双赢

第一，就治污参与主体来看，构建环境公共治理多主体协同体系。政府、企业、公众和环境社会组织共同享有公共权力、共同进行环境治理，环境治理的核心任务是"多主体协同"。对于政府来说，从关注公共项目

转向治理工具，从等级制转向网络化，从命令、控制转向谈判、协商。对于企业来说，尽管其利润最大化的动机常常以牺牲环境为代价，但企业责任和经济活动并不一定是互相排斥的，如果政府能够采取有效的规制政策，企业也可以成为环境治理的重要力量。对于志愿性的环境社会组织，在环境公共治理模式下发挥着不可替代的作用。政府是以强制求公益，而社会组织是以志愿求公益，可见两者的目标是契合的，只是实现方式有所不同。对于公众来说，公众形成环境保护的社会需求并反馈给政府，有助于政府修正决策中的失误，同时可以减少政策执行中的冲突与摩擦。总之，治理过程的协同化强调动态过程，参与责任、监督惩罚、利益共享、信任协作构成治理过程的主要内容，建立市场、社会之间相互激励约束、相互合作的公共治理模式。

第二，就地方政府的关系来看，应创新区域协同治理环境污染的思路。鉴于环境污染的负外部性，地方政府之间应当加强环境规制政策的联动来克服可能出现的机会主义，建立地方政府间联系渠道与沟通机制。政府在产业转移过程中应力图做到各个地区之间政策的协调与有效合作，而不是依靠"逐底竞争"来吸引企业投资。要充分重视各个地区之间环境污染的空间溢出，实现环境污染治理从"点"到"面"、从"局部"到"整体"的有效转向，确保污染产业的有序转移。对于环境规制呈现"逐底竞争"的地区，政府应划定"规制红线"并建立相应的补偿机制。只有提升整体环境规制才能使区域环境质量出现明显改善，因此对呈现"逐底竞争"趋势的地区制定规制约束机制至关重要；同时，可尝试建立区域补偿机制，要求环境受益地区通过财政横向支付补偿受损地区。

第三，促进区域经济协调发展能够有效减少落后地区承接"转移性污染"。中国区域间污染产业转移多发生在经济发展水平相对较高的相邻地区之间，其中经济稍弱的地区通常成为污染产业转移的承接地。对于后者来说，积极推动经济发展，努力提高居民收入水平，不仅有利于缩小与发达地区的经济发展差距，而且有助于减少承接"转移性污染"。经济发展和环境保护并不是相互矛盾的，发展是缓解落后地区环境压力的有效路径。长期来看，缩小区域经济差距、在工业集聚地区重点加强环境执法力度，有利于淘汰落后产能、减少污染排放。污染产业转移过程中存在着显著的空间路径依赖，污染产业转移多发生在相邻区域之间，而污染产业的转移对劳动力等要素的生产成本非常敏感。区域之间经济差距的扩大，容易造成经济落后地区沦为"污染天堂"。在工业集聚地区加强环境规制的强度，不仅有利于激发企业的创新动力，而且能够更好地发挥环境规制对污染产业投资的抑制作用，对于减少区域内污染排放大有裨益。

三、加强环境保护领域的区域协同治理

在地区内部环境质量不均、产业内部构成差异与经济增长动力不同等共同作用下，导致区域间环境规制水平不同。环境规制难免增加污染企业的生产成本，同时降低了污染性产品的消费预期，前景堪忧。地区间规制水平差异的存在使得企业生存、环境治理与违规成本均会不同，原有产业比较优势发生变化，也就是说区域间的规制级差促使污染性企业重新进行区位选择，进而影响了区际产业空间布局，也促成了产业内部的结构变动。为避免因高规制水平而蒙受损失，受限程度较高的污染性企业一方面会被迫外迁，另一方面又不得不向清洁型生产方向转变、发展。因此，应优化产业布局，科学地转移与承接产业，以拓展经济增长空间。

（一）构建区域间项目承接的长效筛选机制，促进产业合理有序转移

承接转移产业的类型与发展潜力关乎着拟承接地的经济增长动力与环境承载力。政府环境规制约束下，基于逐利动机的企业会重新考虑区位选址，从而出现了污染产业的梯度转移。但就承接地而言，高污染产业的转移，往往也承担着高昂的税收缴纳，确实能带动承接地的经济增长，但也难以规避污染的转移，导致承接地生态质量堪忧，社会福利损失，而且承接地同样面临着降污减排的目标。但若承接产业是有产业集聚与技术外溢效应的产业，则既有效规避了污染转移，又有利于承接地在引进、消化外来技术与生产经验基础上驱动经济增长，增进社会福利。因此，构建区域间项目承接的长效筛选机制，对区域间产业内部结构变动以及经济增长持续性具有重要意义。具体应做到以下几点：

第一，转变原有"唯GDP"发展观，重塑科学的产业承接理念。伴随

居民环保意识和对美好生活追求意识的不断提高,一方面,出现了公众严厉声讨污染性企业的破坏性行为,谴责政府部门和企业的"唯GDP"发展观,就当下大气污染、居住环境遭到破坏而积愤民怨;另一方面,环保部门相互推诿、监管不到位及执行偏差等"不作为",也表明经济增长、社会发展和生态环境治理间的非同步性与不可持续性,不得不依靠制度的强制性来约束社会主体行为。

在承接产业过程中要破除原有的"唯GDP"发展观,重塑科学的产业承接理念,避免因地区间经济的"竞次"竞争,而盲目通过政策优惠引发过度引进污染产业。在当前经济竞争背景下,内部产业结构构成与产业价值决定了特定地区在竞争中是否占有优势并脱颖而出。区域产业链的形成是培育地区产业技术存量,提升未来发展能力,实现战略性结构调整的关键。因此,应挖掘地区特色,完善产业配套设施,营造良好的承接转移产业环境,促进产业有序合理地转移。

第二,提高经济开放度,注重承接过程中的产业选择与技术标准严控。产业的承接与转移均与地区经济的开放度密切相关。开放程度不高,搞地方保护主义的区域,不利于高技术标准、低能耗、高层次的产业落户,制约了资源的再配置,也阻碍了产业结构变动乃至经济的持续性增长。因此,在产业承接过程中应适度扩大经济开放度,积极给予有潜力的新型产业所需的政策扶持,同时在考虑环境规制约束下,要注重承接过程中的产业选择,严控技术标准,防止高污染、高能耗、低附加值污染性企业的转移,避免成为"污染避难所"。

(二) 加强共享与协作,构建区域生态网络

在共享经济背景下,分享的延伸在于更多的合作,关联企业的集聚,多样化的市场需求可以拉近彼此的分工、协作,从而形成庞大的网络,渐渐地衍生出一些有价值的产品与服务,能够实现资源共享与相关产业间的废弃物再利用。随着国家环境规制越来越严格,被规制产业不得不寻求清洁型发展。而关联企业的共享、协作加强了企业间的互动,强化了企业间信息、技术等资源的互补性,是保证被规制产业资源实现良性再利用以及企业清洁型发展的有效机制。

第一,引导被规制产业集聚,为企业间的共享协作提供良好的平台。

环境规制约束下，从事资源开发、产品加工类的污染性企业在产业关联基础上趋于集聚，以寻求经济技术合作与资源共享，或者在原有产业链基础上构建共生和清洁生态系统，提高了资源综合利用率。被规制产业的集聚，有利于降低企业间的信息搜索成本，集聚下的优势互补效应也更利于知识的外溢与技术变革，驱动被规制产业向信息化、清洁化转变。诸如在煤炭开采中会产生大量煤层气，因不集中，开发成本较高，中科院专家建议通过关联企业的技术与资金合作，可将易气化的成分先气化，提炼出甲烷，通过天然气管道输送出去；而可燃性成分燃烧后遗留下的粉末，可做成陶瓷工艺产品。可见，被规制相关产业的集聚有利于产业的清洁化、合理化发展，能带来更好的区域经济表现。

第二，构建区域生态网络，延伸生态产业链，实施资源分级利用。在环境规制约束下往往更为关注企业末端的污染物排量及其治理情况，缺乏对污染物产生源头的控制。而区域生态网络的构建、资源的分级利用，均有利于污染性企业从末端治理向前端清洁型生产的转变。促进污染性产业的清洁生产、发展，能尽可能从生产端减少污染物排放、实现废弃物的循环再利用与资源的合理配置，以提高资源的综合利用率，有效解决环境规制约束下的污染物排放及治理问题，减少企业的合规成本。因而要以副产品的共享、交换为纽带构建共生的生态网络，鼓励企业实施绿化改造与清洁生产，以达到降排增效的目的。以燃煤电厂的改造为例，在煤炭开采过程中常伴随着大量煤矸石占比较高、热量较低的劣质煤、垃圾煤的产生，难以迎合消费市场，造成煤矿周边出现大量的废弃物堆积，但煤矸石比重高的垃圾煤因其成本低廉，很适合用来在电厂发电，且起到废弃物再利用的效果。那么电厂最佳的选址位置可就近建在各煤矿开采区域，既能降低运输成本，同时又减少垃圾煤等废弃物的堆积。

四、引导产业结构实现绿色升级

制度环境是企业生存发展的基础，环境规制的干预对于影响企业社会责任的践行尤其重要。环境规制的标准及其实施的严苛程度可以影响相关项目及其产品的感知价值，引导产业发展方向。环境规制的实施，短期来看会增加企业合规成本，大大减弱了传统高污染产业的生产规模与发展速度，不利于地方经济增长；但长期来看，能倒逼被规制产业技术创新、清洁生产，提高资源利用率，利于企业竞争力的提升，还有利于环保技术的传播与地区示范效应的产生，刺激清洁型新兴产业的催生与发展。

（一）克服组织惰性，促进产业结构绿色升级

组织惰性是影响企业生产模式转变、产业变动与经济能否持续增长的一个重要障碍。在企业、产业层面的动态竞争过程中，高度不完全的信息下蕴藏着不断演化的变革机遇，而企业决策层面则普遍存在着组织惯性和资源控制问题，常出现个体与集体难以协调的困难。而制度环境压力是倒逼企业寻求创新发展的催化剂，在克服组织惰性，催生创造性思维过程中扮演着重要角色。以重资产为特征的煤炭、石油、电力等垄断污染性行业为例，在扭曲的市场力量和政治扶持的基础上，凭借自身的政治优势与庞大的固定资产优势，筑起私人部门难以进入的门槛，也成为该类被规制产业绿色清洁发展的重大障碍。

环境规制约束下，环境质量成为经济增长过程中尤为关注的一个因素。环境监管信号的释放，会使得环保标准不达标企业不得不投资新兴环保领域、构思新方法以治污降排，增加了企业的生产成本；相反地，却坚定了污染性企业及其所属产业绿色行为选择和清洁型产业发展的价值性和有效性，也吸引了新兴产业、清洁产业的集聚和发展，促进了产业整体向清洁生产模式的转变。

居民对产品的消费偏好是影响企业决策的重要因素。在严格的环境法规标准约束下，消费者环保意识随之上升，影响了消费者的购买倾向，会偏好于选择更有价值的"绿色"购买行为。基于市场环境政策的约束、生产成本障碍与消费市场的考虑，污染性企业会大大缩减传统污染项目的规模，降低原有产品产量，并向绿色清洁型相关方向发展。因而，需要依靠制度的强制性约束来对这些变革进行有力和积极的干预。

（二）刺激环保投资，促进新兴环保产业发展

清洁型技术变革与发展需要相应的有效投入水平的增加来支撑。环境规制框架下，要求清洁型领域的技术变革快于污染性领域，即清洁型投入

要大于污染性投入，这需要对清洁型投入部门的研发给予补贴，来带动企业部门的环保投资，使得有效清洁投入与污染投入成比例增长。否则，被规制部门所需缴纳的污染税会以较快的速度增加，使得以污染税或交易价格等形式被强加于污染性行业的成本逐步上升，也会促使其向清洁型新兴部门的投入。因污染物的有偿排放和生态补偿准则而对污染性产业征收税费资金，最终将用于地区生态治理和清洁型新兴产业的扶持，缓减那些迎合环境合规要求的企业负担。

可见，适度的环境规制在诱导被规制产业清洁型发展，刺激对相关环保产业投资的同时，也为新兴产业的补贴与激励力度提供了更多可能，直接拉动了环保产业的兴起与发展。鉴于新兴环保产业发展对地区结构转型所做的贡献，建议通过新兴产业发展专项资金的设立、产业技术研发及产业化经费补助等补贴形式来扶持企业前沿技术开发、人才引进和平台建设等，带动地区重点行业清洁生产改造投资。同时，政策支持坚定了产业发展的价值性，刺激了企业清洁型环保投资的同时，也利于吸引风投资金的注入、先进管理经验的传播，提升产业创造潜力。

第八章 结论与展望

一、主要结论

近年来，区域产业转移中伴随的"转移性污染"加剧了中西部地区的环境压力，如果不对污染转移的现象给予足够的重视，欠发达地区很可能会沦为发达地区的"污染避难港"，重蹈"先污染、后治理"的覆辙，这不利于我国减排目标的实现和区域经济协调发展。研究如何利用环境规制政策工具来推动污染产业的有序转移具有重要意义。本书沿着"环境规制—污染产业投资区位—污染产业区际贸易—环境规制工具选择"的研究思路，理论层面剖析了环境规制对污染产业投资区位的影响机理，实证层面分别从过程视角、结果视角和工具视角分析环境规制对污染产业转移的影响。主要结论包括：

第一，投资视角和贸易视角下环境规制对污染产业转移的影响存在差异。区域产业转移是由两地供求条件变化引发资本要素的流动，从而导致污染品分工和贸易格局发生变化的系统过程，此过程可简化为"供求条件变化—资本要素流动—分工和贸易改变"。研究发现，一方面，环境规制可以通过生产成本、技术创新和产业集聚三个渠道影响污染产业投资的区位选择，即可以分解为"成本效应""创新效应"和"集聚效应"，三者的综合作用决定了最终的"综合效应"。另一方面，落后地区和发达地区降低环境规制的效果存在显著差异。对于落后地区来说，降低环境规制确实能减少本地区的污染产业投资的成本、增加本地区的污染品生产规模，但未必能够增加区域间贸易的规模。也就是说，从投资的角度来看，PHH成立；但从贸易的角度来看，PHH是否成立尚无法确定。而对于发达地区来说，降低环境规制确实能减少本地区的污染产业投资的成本、增加本地区的污染品生产规模，同时也能够增加向其他区域提供的污染品贸易规模。也就是说，不论是从投资的角度，还是从贸易的角度来看，PHH都是成立的。

第二，污染密集型产业的区际转移具有显著的路径依赖特点。一方面，转移路径呈现出"晕轮模式"。以环渤海的辽、冀、鲁为第一中心，逐渐向晋、京、蒙，而后又向津、吉、陕拓展；以长三角的沪为中心，逐渐向浙、苏、闽拓展。另一方面，呈现出显著的转移黏性。辽、冀、鲁、粤这四个省在2003年至今一直是污染产业投资的重点流入地区。其次，环境规制对污染产业投资有着抑制作用，但在东、中、西部的表现存在差异。在全国层面，环境规制与污染产业投资存在着显著的负相关关系。而就三大区域来看，在中部地区，提高环境规制能够对污染密集型产业的转入起到较强的抑制作用；在东部地区，选择污染产业集聚地区来加强环境规制能够起到事半功倍的效果；而在西部地区，环境规制的抑制作用则相对较弱。相对于资本要素，劳动要素对污染密集型产业的转移有着更加显著的影响。此外，环境规制对污染产业转移的影响呈现出行业差异。

第三，双边环境规制等因素对污染产业转移的影响显著。就污染品区际贸易来看，中部地区生产的污染品总量超过了自身所需求的污染品数量，成为其他地区的污染品生产基地，中部地区在污染品的生产上呈现出较强的竞争力；从西部地区来看，污染品贸易总规模并不是很大，但是，区域内部呈现出较大的差异。其次，环境规制对于污染产业省际贸易的影响并不显著，决定污染产业区际分工模式的主要因素仍然是资本要素和劳动力要素，通过降低环境规制以赢得贸易显性比较优势的做法可能是无效的。最后，正式环境规制对污染产业区际转移的影响既与环境规制的性质相关，又与其双边特征相关。污染产业的区际贸易不仅依赖于污染品流出地的环境规制强度，还受到流入地环境规制强度的影响；污染品流出地的非正式环境规制与区际贸易量显著负相关，较低的非正式环境规制强度是中西部吸引"转移性污染"的重要原因；双边需求因素、人口规模和地理距离对污染产业转移有着决定性影响。

第四，不同种类的环境规制工具对四大区域污染产业投资的影响存在差异。费用型、投资型和公众参与型环境规制对污染密集型产业转移的影响是不同的。费用型环境规制工具对污染密集型产业的转移影响不显著，但提高投资类和公众参与型环境规制却有利于本地区承接污染密集型产业。此外，三者的作用机制也并不相同。其次，投资类环境规制内部也表现出明显的差异性。三类投资型环境规制与污染密集型产业转移的关系各不相同，城市环境基础建设投资的提高会使得本地区吸引更多的污染密集型产业，工业污染源治理投资表现"U"形特征，而建设项目"三同时"投资对污染密集型产业转移的影响则并不显著。

二、研究展望

从目前的研究来看，本书的研究仍有一些问题有待进一步研究。具体来说，包括：

第一，本书的研究中虽然详细讨论了中国区域之间的污染产业转移问题，但在大部分章节中并没有将国际产业转移纳入研究框架。而事实上，随着开放程度的加深，跨国公司通过FDI和进出口贸易等途径对中国经济的影响是深远的。后续研究当中，将国际产业转移与中国区域产业转移联系起来会有助于对于此类问题的研究。

第二，由于数据限制，第五章中关于双边因素对污染产业转移的影响尚局限在八大区域层面。如果能够得到可信的省级层面污染产业贸易的面板数据，将可能会得出更加有益的结论。

第三，第六章中将环境规制划分为费用类、投资类和公众参与三大类，其中投资类环境规制又划分为三小类。而事实上，环境规制的种类远远不止这几种，例如环境税、碳排放交易机制等工具尚未纳入本书的研究之中。随着其他环境规制手段的普及和应用，将会给后续研究提供更多的支撑材料。

参考文献

[1]Almer C., Winkler R.Analyzing the effectiveness of international environmental policies: the case of the Kyoto Protocol [J].Journal of Bioethical Inquiry, 2017, 82 (1): 125-151.

[2]Antweiler W, Copeland B, Taylor M.Is free trade good for the environment? [R].National Bureau of Economic Research Working Paper, 1998.

[3]Bartik T.The effects of environmental regulation on business location in the United States[J].Growth and Change, 1988, 19 (3): 22-44.

[4]Beers C, Bergh J.An empirical multi-country analysis of the impact of environmental regulations on foreign trade flows.[J].Kyklos, 1997, 50: 29-46.

[5]Birdsall N, Wheller D.Trade policy and pollution in Latin American: where are the Pollution Haven? [J].Journal of Environment and Development, 1993, 2 (1): 137-145.

[6]Bocher M.A theoretical framework for explaining the choice of instruments in environmental policy[J].Forest Policy and Economics, 2012, 38 (5): 16-22.

[7]Broner F, Bustons P, Carvalho V.Sources of comparative advantage in polluting industries[R].NBER Working Paper, 2012.

[8]Bruneau J.Inefficient encironmental instuments and the gains from trade[J].Journal of Environmental Economics and Management, 2005, 49 (3): 536-546.

[9]Cai J., Chen Y.Y., Wang X.The impact of corporate taxes on firm innovation: evidence from the corporate tax collection reform in China[R], 2018, NBER Working paper.

[10]Cave R.International corporations: the industrial economics of foreign inves- tment[J].Economica, 1971, 28: 1-27.

[11]Chen S.X.The effect of a fiscal squeeze on tax enforcement: evidence from a natural experiment in China[J].Journal of Public Economics, 2017, 147: 62–76.

[12]Cin B.C., Kim Y.J., Vonortas N.S.The impact of public R&D subsidy on small firm productivity: evidence from Korean SMEs [J].Small Busines Economics, 2017, 48 (2): 345–360.

[13]Cole M, Elliott R.Do environmental regulations influence trade patterns? testing old and new trade theories. [J].World Economy, 2003, 26 (8): 1163–1186.

[14]Cole M, Elliott R.FDI and the capital intensity of"ditry"sectors: A missing piece of the pollution haven puzzle[J].Review of Development Economics, 2005, 9 (4): 530–548.

[15]Daniela M.Environmental regulation and revealed comparative advantages in Europe: Is China a Pollution Haven? [J].Review of International Economics, 2012, (3): 616–635.

[16]David P.Energy, the environment and technological change [R].NBER Working Paper, 2009.

[17]Ederington J, Minier J.Is environmental policy a secondary trade barrier? an empirical analysis [J].Canadian Journal of Economics, 2003, (36): 137–154.

[18]Feng C., Shi B.B., Kang R.Does environmental policy reduce enterprise innovation? Evidence from China[J].sustainability, 2017, 9 (6): 872.

[19]Frondel M, Horbach J, Rennings K.End–of–pipe or cleaner production: an empirical comparison of environmental innovation decisions across OECD countries[J].Business Strategy and the Environment, 2007, 16 (8): 571–584.

[20]Goldar B, Banerjee N.Impact of informal regulation of pollution on water quality in rivers in India [J].Journal of Environmental Management, 2004, 73 (2): 117–130.

[21]Hamamoto M.Envirnomental regulation and the productivity of Japanese manufacturing industries [J].Resource and Energy Ecnomics, 2006, 28: 299–312.

[22]Harris M，Konya L，Matyas L.Modelling the impact of environmental regulations on bilateral trade flows：OECD，1990–1996.[J].The World Economy，2002，25（3）：387–405.

[23]He Y.，Sheng P.，Vovhozka M.Pollution caused by finance and the relative policy analysis in China [J].Energy & Environment，2017，28（7）：808–823.

[24]Hoseo M，Naito T.Trans–boundary pollution transmission and regional agglomeration effects[J].Papers in Regional Science，2006，85（1）：99–120.

[25]Judith M，Mary E，Wang H.Are foreign investors attracted to weak environmental regulations？[R].World Bank Policy Research Working Paper，2005：19–31.

[26]Jug J，Mirza D.Environmental regulations in Gravity Equations：evidence from Europe.[J].The World Economy，2005，28（11）：1591–1615.

[27]Kathuria V.Informal regulation of pollution in a developing country：Evidence from India[J].Ecological Economics，2007，（63）：403–417.

[28]Keller W，Levinson A.Pollution abatement costs and foreign direct investment inflows to the U.S.States [J].The Review of Economics and Statistics，2006，84（4）：691–703.

[29]Klassen R，Mclaughlin C.The impact of environmental management on firm performance[J].Management Science，1996，42（8）：1199–1214.

[30]Konar S，Cohen M.Information as regulation：the effect of community right to know laws on toxic emissions [J].Journal of Environmental Economics and Management，1997，32（1）：109–124.

[31]Lanoie P，Laplante B，Roy M.Can capital markets create incentives for pollution control[J].Ecological Economics，1998，26（1）：31–41.

[32]Levinson A，Taylor M.Unmasking the Pollution Haven Effect [R].NBER working paper，2008：106–119.

[33]Li G.，He Q.，Shao S.，et al.Environmental non–governmental organizations and urban environmental governance：evidence from China[J].Journal of Environmental Management，2018，206：1296–1307.

[34]Lipscomb M.，Mobarak A.M.Decentralization and pollution spillovers：

evidence from the re-drawing of county borders in Brazial [J].The Review of Economic Studies, 2017, 84 (1): 464-502.

[35]Low P, Yeats A.Do dirty industries migrate international trade and the environment[R].World Bank Discussion Papers, 1990: 191-209.

[36]Lucas R, Wheeler D, Hemamala H.Economic development, environmental regulation, and the international migration of toxic industrial pollution 1960-1988[R].World Bank Working Paper: Washington D C, 1992.

[37]Kathuria V.Informal Regulation of Pollution in a Developing Coutry: Evidence from India[J].Ecological Economics, 2007, (63): 403-417.

[38]Kathuria V, Sterner T.Monitoring and enforcement: is Two-Tier Regulation robust? a case study of Ankleshwar, India[J].Ecological Economics, 2006, 57 (3): 477-493.

[39]Kemp R, Foxon T.Eco-innovation from an innovation dynamics perspective: Deliverable 1 of MEI project (D1) .Measuring Eco-innovation Project, 2007.

[40]Kojima K.Reorganization of North-South trade: Japan's foreign economic policy for the 1970's[J].Hitotsubashi Journal of Economics, 1973, 13: 2-13.

[41]Managi S.Does trade openness improve environmental quality? [J].Journal of Environmental Economics and Management, 2009, 58: 346-363.

[42]Margolis J, Walsh J.Misery loves companies: rethinking social initiatives by business[J].Administrative Science Quarterly, 2003, 48 (2): 268-305.

[43]Marrewijk C.Geograchical economics and the role of pollution on location [R].Tinbergen Institute Discussion Papers, 2005.

[44]Mulatu A.Environmental regulation and international trade: emperical results for the manufacturing industry in Germany, the Netherlands and the US, 1972-1992[R].Tinbergen Institute Discussion Paper, 2004.

[45]Nameroff T, Garant R, Albert M.Adoption of green chemistry: an analysis based on US patents[J].Research Policy, 2004, 33 (6/7): 959-974.

[46]Neary J.Factor mobility and international trade [J].Canadian Journal of Economics, 1995, 28 (s1): 4-23.

[47]Oltra V.Environmental innovation and industrial dynamics: the contributions

of evolutionary economics[OL].DIME working paper，2008.

[48]Orlitzky M，Schmidt F，Rynes S.Corporate social and financial performance：a meta-analysis[J].Organazation Studies，2003，24（3）：403-441.

[49]Pan X.，Tian G.G.Political connections and corporate investments：evidence from the recent anti-corruption campaign in China[J].Journal of Banking & Finance，2017，3（5）：1-15.

[50]Pargal S，Wheeler D.Informal regulation of industrial pollution in developing countries： evidence from Indonesia [R].Policy Reserach Wording Paper，No 1416，1995.

[51]Porter M.America's green strategy[J].Scientific American，1991，264（4）：168-181.

[52]Porter M，Linde C.Toward a new conception of the environment-conpiti tivesness relationship[J].the Journal of Political Perspectives，1995，9（4）：97-118.

[53]Quaas M，Lange A.Economic geography and urban environmental pollution [R].Discussion Paper Series.University of Heigdlberg，2004.

[54]Randy B，Henderson V.Effects of air quality regulations on polluting industries[J].The Journal of Political Economy，2000，18（2）：379-421.

[55]Rauscher M.Concetration，separation and dispersion：Economic geography and the environment[EB].thuenen-Series of Applied Economic Theory，2009.

[56]Stanwick P，Stanwick S.The relationship between corparate social perfo-rmance，and organizational size，financial performance，and environmental per-formance：an empirical examination[J].Journal of Business Ethics，1998，17（2）：195-204.

[57]Taylor M，Copeland B.North-south trade and the environment [J].The Quarterly Journal of Economics，1994，1994（109）：3.

[58]Tinbergen J.Shaping the world economy： suggestions for an international economic policy[M].New York，1962.

[59]Tobey J.The effects of domestic environmental policies on patterns of world trade： an empirical test[J].Kyklos，1990，43（2）：191-209.

[60]Vernon R.International investment and international trade in the product cycle[J].Quarterly Journal of Evonomics，1966，5（34）：45-71.

[61]Wagner U, Timmins C.Agglomeration effects in foreign direct investment and the Pollution Haven Hypothesis[J].Environmental and Resource Evonomics, 2009, 43 (2): 231-256.

[62]Walley N, Whitehead B.Its not easy being green [J].Harvard Business Review, 1994, 3: 46-52.

[63]Wu H., Guo H., Zhang B., et al.Westward movement of new pollution firms in China: Pollltion reduction mandates and location choice [J].Journal of Comparative Economics, 2017, 45 (1): 119-138.

[64]Wu J.Why some countries trade more, some trade less, some trade almost nothing: the effect of the governance environment on trade flows[J].International Business Review, 2012, 21: 225-238.

[65]Xing Y, Kolstad C.Do lax enviromental regulations attract foreign investment? [J].Environmental and Resource Evonomics, 2002, 21 (1): 1-22.

[66]Xu X.International trade and environmental regulation [J].Environmental and Resource Evonomics, 2000, 17 (3): 233-257.

[67]Zeng D, Zhao L.Pollution havens and industrial agglomeration[J].Journal of Environmental Economics and Management, 2009, 58 (2): 141-153.

[68]Zhang J, Fu X.Do intra-country Pollution Havens exist? FDI and environmental regulation in China[R].SLPTMD working paper series, 2008.

[69]Zhang Y.J., Peng Y. L.Can environmental innovation facilitate carbon emissions reduction? Evedence from China[J].Energy Policy, 2017, 100: 18-28.

[70]白俊红, 吕晓红.FDI质量与中国经济发展方式转变[J].金融研究, 2017 (5): 51-66.

[71]包晴.中国经济发展地区之间污染转移现象的表现形式及其原因分析[J].北方民族大学学报, 2009 (3): 72-76.

[72]卞元超.市场分割的环境污染效应研究[D].东南大学, 2019.

[73]柴志贤.环境管制、产业转移与中国全要素生产率的增长[M].北京: 经济科学出版社, 2014.

[74]陈诗一.中国工业分行业统计数据估算: 1980—2008[J].经济学 (季刊), 2011, 10 (3): 735-776.

[75]陈秀山, 张可云.区域经济理论[M].北京: 商务印书馆, 2007.

[76]成祖松，王先柱，冷娜娜.区域产业转移粘性影响因素的实证分析[J].财经科学，2013，308（11）：73-83.

[77]董颖，石磊."波特假说"——生态创新与环境管制的关系研究述评[J].生态学报，2013，33（3）：809-824.

[78]傅京燕.产业特征、环境规制与大气污染排放的实证研究——以广东省制造业为例[J].中国人口·资源与环境，2009，19（2）：73-77.

[79]傅京燕.环境成本转移与西部地区的可持续发展[J].当代财经，2006（6）：102-106.

[80]傅京燕，李丽莎.FDI、环境规制与污染避难所效应——基于中国省级数据的经验分析[J].公共管理学报，2010，7（3）.

[81]傅京燕，李丽莎.环境规制、要素禀赋与产业国际竞争力研究——基于中国制造业的面板数据[J].管理世界，2010（10）：87-98.

[82]傅京燕，裴前丽.中国对外贸易对碳排放量的影响及其驱动因素的实证分析[J].财贸经济，2012（5）：75-81.

[83]傅京燕，赵春梅.污染密集型行业出口贸易吗？——基于中国面板数据和贸易引力模型的分析[J].经济学家，2014（2）：47-58.

[84]傅京燕，周浩.对外贸易与污染排放强度——基于地区面板数据的经验分析（1998-2006）[J].财贸研究，2011，22（2）：8-14.

[85]傅帅雄，张可云.基于改进生态足迹模型的中国31个省级区域生态承载力实证研究[J].地理科学，2011，9：1084-1089.

[86]耿文才.新经济地理学视角下中国纺织业区际转移的粘性分析[J].地理研究，2015（2）：259-269.

[87]工业和信息化部产业政策司，工业和信息化部电子科学技术情报研究所.中国产业转移年度报告2014-2015[M].北京：电子工业出版社，2015.

[88]郭建万，陶锋.集聚经济、环境，管制与外商直接投资区位选择[J].产业经济研究，2009（4）：29-37.

[89]韩永辉，黄亮雄，王贤彬.产业结构升级改善生态文明了吗——本地效应与区际影响[J].财贸经济，2015（12）：129-146.

[90]何龙斌.国内污染产业区级转移路径及引申——基于2000—2011年相关工业产品产量面板数据[J].经济学家，2013（6）：57-67.

[91]侯瑜，陈海宇.基于完全信息静态博弈模型的最优排污费确定[J].南开经济研究，2013（1）：121-128.

[92]胡德宝，贺学强.环境规制与污染密集型产业区域间转移——基于EKC和PPH假说的实证研究[J].河北经贸大学学报，2015，36（4）：95-101.

[93]胡玫.浅析中国产业梯度转移路径依赖与产业转移粘性问题[J].经济问题，2013（9）：83-86.

[94]黄娟，汪明进.科技创新、产业集聚与环境污染[J].山西财经大学学报，2016，38（4）：50-61.

[95]黄寿峰.财政分权对中国雾霾影响的研究[J].世界经济，2017，40（2）：126-152.

[96]高静，刘国光.要素禀赋、环境规制与污染品产业内贸易模式的转变——基于54个国家352对南北贸易关系的实证研究[J].国际贸易问题，2014（10）：99-109.

[97]高永祥.环境规制、产业空间布局调整与地区经济增长的实证[J].统计与决策，2015（24）：131-136.

[98]古冰，朱方明.我国污染密集型产业区域转移动机及区位选择的影响因素研究[J].云南社会科学，2013（3）：66-71.

[99]关爱萍，李娜.中国区际产业转移技术溢出及吸收能力门槛效应研究[J].软科学，2014，28（2）：32-36.

[100]郭峰，石庆玲.官员更替，合谋震慑与空气质量的临时性改善[J].经济研究，2017，52（07）：155-168.

[101]彭文斌，陈蓓.环境规制作用下污染密集型企业空间演变影响因素的实证研究[J].社会科学，2014（8）：22-27.

[102]彭文斌，邝嫦娥.基于环境规制和公众参与的污染产业转移问题研究[M].上海：上海三联书店，2014.

[103]雷平，曹李明，赵连荣.乡土官员对区域经济与环境发展路径的影响[J].中国人口·资源与环境，2018，28（4）：163-176.

[104]李贲，吴利华.开发区设立与企业成长：异质性与机制研究[J].中国工业经济，2018（4）：79-97.

[105]李建军，刘元生.中国有关环境税费的污染减排效应实证研究[J].中国人口·资源与环境，2015（8）：12-19.

[106]李猛.中国环境破坏事件频发的成因与对策——基于区域间环境竞争的视角[J].财贸经济，2009（9）：82-89.

[107]李树，陈刚.环境规制与生产率增长——以APPCL2000的修订为例[J].经济研究，2013（1）：13-24.

[108]李涛，刘思玥.分权体制下辖区竞争、策略性财政政策对雾霾污染治理的影响[J].中国人口·资源与环境，2018，28（6）：120-129.

[109]李玉楠，张可云，张文彬.环境规制与中国工业区域布局的"污染天堂"效应[J].山西财经大学学报，2011，33（7）：8-14.

[110]李占国，孙久文.我国产业区域转移滞缓的空间经济学解释及其加速途径研究[J].经济问题，2011（1）：27-30.

[111]林季红，刘莹.内生的环境规制："污染天堂假说"在中国的再检验[J].中国人口·资源与环境，2013（1）：13-18.

[112]刘红光，刘卫东，刘志高.区域间产业转移定量测度研究——基于区域间投入产出表分析[J].中国工业经济，2011，6（6）：79-88.

[113]刘金林，冉茂盛.环境规制、行业异质性与区域产业集聚——基于省际动态面板数据模拟的GMM方法[J].财经论丛，2015，190（1）：16-23.

[114]刘华军，刘传明.环境污染空间溢出的网络结构及其解释——基于1997—2013年中国省际数据的经验考察[J].经济与管理评论，2017（1）：57-64.

[115]刘华军，杨骞.环境污染、时空依赖与经济增长[J].产业经济研究，2014，68（1）：81-91.

[116]刘巧玲，王奇，李鹏.我国污染产业及其区域分布变化趋势[J].生态经济，2012（1）：107-112.

[117]刘卫东，陈杰，唐志鹏等.中国2007年30省区市区域间投入产出表编制理论与实践[M].北京：中国统计出版社，2012.

[118]刘卫东，唐志鹏，陈杰等.2010年中国30省区市区域间投入产出表[M].北京：中国统计出版社，2014.

[119]龙小宁，万威.环境规制、企业利润率与合规成本规模异质性[J].中国工业经济，2017（6）：155-174.

[120]龙小宁，朱艳丽，蔡伟贤等.基于空间计量模型的中国县级政府间税收竞争的实证分析[J].经济研究，2014（8）：41-53.

[121]陆旸.环境规制影响污染密集型商品的贸易比较优势吗？[J].经济研究，2009（4）：29-40.

[122]孟望生，林军.我国省份资本存量及其回报率估算[J].东北财经大学学报，2015（1）：81-88.

[123]彭可茂，席利卿，雷玉桃.中国工业的污染避难所区域效应——基于2002-2012年工业总体与特定产业的测度与验证[J].中国工业经济，2013，10（10）：44-57.

[124]彭文斌，吴伟平，邝嫦娥.环境规制对污染产业空间演变的影响研究——基于空间面板杜宾模型[J].世界经济文汇，2014（6）：99-110.

[125]彭星，李斌.不同类型环境规制下中国工业绿色转型问题研究[J].财经研究，2016，42（7）：134-133.

[126]覃成林，熊雪如.我国制造业产业转移动态演变及特征分析——基于相对净流量指标的测度[J].产业经济研究，2013（1）：12-21.

[127]任力，黄崇杰.国内外环境规制对中国出口贸易的影响[J].世界经济，2015（5）：59-80.

[128]桑瑞聪，彭飞，康丽丽.地方政府行为与产业转移——基于企业微观数据的实证研究[J].产业经济研究，2016（4）：7-17.

[129]邵利敏.政府环境规制、地区产业结构状况与经济增长——基于山西地级市面板数据的研究[D].山西财经大学，2019.

[130]沈能，刘凤朝.高强度的环境规制真能促进技术创新吗？——基于"波特假说"的再检验[J].中国软科学，2012（4）：49-59.

[131]史贝贝.环境治理与引资行为之间的多重困境：理论和实证[D].西北大学，2019.

[132]史贝贝，冯晨，张妍等.环境规制红利的边际递增效应[J].中国工业经济，2017（12）：40-58.

[133]苏梽芳，廖迎，李颖.是什么导致了"污染天堂"：贸易还是FDI——基于中国省级面板数据的证据[J].经济评论，2011（3）：97-105.

[134]谭志雄，张阳阳，付佳.预期的力量：晋升会引致环境污染吗？——基于工具变量法的实证研究[J].管理工程学报，2018，32（4）：37-45.

[135]陶长琪，周璇.含空间自回归误差项的空间动态面板模型的有效估计[J].数量经济技术经济研究，2016（4）：126-144.

[136]田馨予，雷平.环境规制对污染企业区位决策的差别化影响[J].生态经济，2016，32（7）：87-91.

[137]王兵，戴敏，武文杰.环保基地政策提高了企业环境绩效吗？——来自东莞市企业微观面板数据的证据[J].金融研究，2017（4）：143-160.

[138]王思文，祁继鹏.要素流动性差异与地区间产业转移粘性[J].兰州大学学报（社会科学版），2012，（2）.

[139]魏玮，毕超.环境规制、区际产业转移与"污染避难所"效应[J].山西财经大学学报，2011，33（8）：69-75.

[140]吴伟平.污染密集型产业存在转移粘性吗？——基于新经济地理与经济政策的解析[J].社会科学，2015（12）：55-64.

[141]吴玉明.外商直接投资对环境规制的影响[J].国际贸易问题，2006，（4）：111-116.

[142]席鹏辉，梁若冰，谢贞发.税收分成调整，财政压力与工业污染[J].世界经济，2017（10）：170-192.

[143]夏友富.外商投资中国污染密集产业现状、后果及其对策研究[J].管理世界，1999（3）：32-44.

[144]向永辉.集聚经济、区域政策竞争与FDI空间分布：理论分析与基于中国数据的实证[D].杭州：浙江大学，2013.

[145]肖雁飞，万子捷，刘红光.我国区域产业转移中"碳排放转移"及"碳泄露"实证研究——基于2002年、2007年区域间投入产出模型的分析[J].财经研究，2014，2（2）：75-84.

[146]谢罗奇，龚玲，赵纯凯.官员晋升、金融发展与环境污染——来自市长变更的证据[J].山西财经大学，2018，40（8）：15-26.

[147]徐开军，原毅军.环境规制与产业结构调整的实证研究——基于不同污染物治理视角下的系统GMM估计[J].工业技术经济，2014（12）：101-109.

[148]徐圆.源于社会压力的非正式性环境规制是否约束了中国的工业污染？[J].财贸研究，2014（2）：7-15.

[149]薛蕊，苏庆义.环境规制是否影响了污染密集型行业的比较优势？[J].产业经济研究，2014（3）：61-70.

[150]杨骞，刘华军.中国二氧化碳排放的区域差异分解及影响因素——

基于1995—2009年省际面板数据的研究[J].数量经济技术经济研究，2012（5）：35-49.

[151]杨振兵，马霞，蒲红霞.环境规制、市场竞争与贸易比较优势——基于中国工业行业面板数据的经验研究[J].国际贸易问题，2015（3）：65-75.

[152]于彬彬.产业结构调整与生产率提升的经济增长效应——基于中国城市动态空间面板模型的分析[J].中国工业经济，2015（12）：83-98.

[153]于文超.环境规制的影响因素及其经济效应研究[M].成都：西南财经大学出版社，2014.

[154]原毅军，刘柳.环境规制与经济增长：基于经济型规制分类的研究[J].经济评论，2013（1）：27-33.

[154]原毅军，谢荣辉.产业集聚、技术创新与环境污染的内在联系[J].科学学研究，2015，33（9）：1340-1347.

[155]原毅军，谢荣辉.环境规制的产业结构调整效应研究——基于中国省际面板数据的实证检验[J].中国工业经济，2014（8）：57-69.

[156]原毅军，谢荣辉.环境规制与工业绿色生产率增长——对"强波特假说"的再检验[J].中国软科学，2016（7）：144-154.

[157]岳超，胡雪洋，贺灿飞等.1995—2007年我国省区碳排放及碳强度的分析——碳排放与社会发展[J].北京大学学报（自然科学版），2010，46（4）：510-516.

[158]臧传琴，张菡.环境规制技术创新效应的空间差异——基于2000-2013年中国面板数据的实证分析[J].宏观经济研究，2015（11）：72-84.

[159]占佳，李秀香.环境规制工具对技术创新的差异化影响[J].广东财经大学学报，2015（6）：16-26.

[160]张彩云，郭艳青.污染产业转移能够实现经济和环境双赢吗？——基于环境规制视角的研究[J].财经研究，2015，41（10）：96-108.

[161]张成，郭炳南，于同申.污染异质性、最优环境规制强度与生产技术进步[J].科研管理，2015，36（3）：138-144.

[162]张存菊，苗建军.基于Panel-data的区际产业转移粘性分析[J].软科学，2010，24（1）：75-79.

[163]张公嵬, 梁琦.产业转移与资源的空间配置效应研究[J].产业经济评论, 2010, 9 (3): 1-21.

[164]张江雪, 蔡宁, 杨陈.环境规制对中国工业绿色增长指数的影响[J].中国人口·资源与环境, 2015, 25 (1): 24-31.

[165]张辽.要素流动、产业转移与区域经济发展[D].武汉: 华中科技大学, 2013.

[166]张磊, 韩雷, 叶金珍.外商直接投资与雾霾污染: 一个跨国经验研究[J].经济评论, 2018 (6): 69-85.

[167]张平, 张鹏鹏, 蔡国庆.不同类型环境规制对企业技术创新影响比较研究[J].中国人口·资源与环境, 2016, 26 (4): 8-13.

[168]张友国.碳排放视角下的区域间贸易模式: 污染避难所与要素禀赋[J].中国工业经济, 2015 (8): 5-19.

[169]赵细康.环境保护与产业国际竞争力——理论与实证分析[M].北京: 中国社会科学出版社, 2003.

[170]赵玉民, 朱方明, 贺立龙.环境规制的界定、分类与演进研究[J].中国人口·资源与环境, 2009, 19 (6): 85-90.

[171]周长福, 杜宇玮, 彭安平.环境规制是否影响了我国FDI的区位选择? ——基于成本视角的实证研究[J].世界经济研究, 2016 (1): 110-121.

[172]周世军, 周勤.中国中西部地区"集聚式"承接东部产业转移了吗? ——来自20个两位数制造业的经验证据[J].科学学与科学技术管理, 2012, 33 (10): 67-79.

[173]周沂, 贺灿飞, 刘颖.中国污染密集型产业地理分布研究[J].自然资源学报, 2015, 30 (8): 1183-1194.

附 录

附录A：污染产业的界定

附表A-1 污染产业划分表

两位数编号	产业名称	是否在本书中界定为污染产业	
		第五章	第四章和第六章
采矿业			
06	煤炭开采和洗选业	√	√
07	石油和天然气开采业	×	×
08	黑色金属矿采选业	√	√
09	有色金属矿采选业	√	√
10	非金属矿采选业	√	√
11	开采辅助活动	×	×
12	其他采矿业	√	√
制造业			
13	农副食品加工业	×	×
14	食品制造业	×	×
15	酒、饮料和精制茶制造业	×	×

续表

两位数编号	产业名称	是否在本书中界定为污染产业	
		第五章	第四章和第六章
制造业			
16	烟草制品业	×	×
17	纺织业	×	×
18	纺织服装、服饰业	×	×
19	皮革、毛皮、羽毛及其制品和制鞋业	×	×
20	木材加工和木、竹、藤、棕、草制品业	×	×
21	家具制造业	×	×
22	造纸和纸制品业	√	√
23	印刷和记录媒介复制业	√	×
24	文教、工美、体育和娱乐用品制造业	√	×
25	石油加工、炼焦和核燃料加工业	×	×
26	化学原料和化学制品制造业	√	×
27	医药制造业	×	×
28	化学纤维制造业	×	×
29	橡胶和塑料制品业	×	×
30	非金属矿物制品业	√	√
31	黑色金属冶炼和压延加工业	√	√
32	有色金属冶炼和压延加工业	√	√
33	金属制品业	√	√
34	通用设备制造业	×	×
35	专用设备制造业	×	×

两位数编号	产业名称	是否在本书中界定为污染产业	
		第五章	第四章和第六章
制造业			
36	汽车制造业	×	×
37	铁路、船舶、航空航天和其他运输设备制造业	×	×
38	电气机械和器材制造业	×	×
39	计算机、通信和其他电子设备制造业	×	×
40	仪器仪表制造业	×	×
41	其他制造业	×	×
42	废弃资源综合利用业	×	×
43	金属制品、机械和设备修理业	×	×
电力、热力、燃气及水生产和供应业			
44	电力、热力生产和供应业	√	√
45	燃气生产和供应业	×	×
46	水的生产和供应业	×	×

附录B：资本市场和商品市场的一般均衡条件

初始公式

$$E\left(p,u,k^{0}+k\right)=T-\left(r-\rho\right)^{'}k \qquad (附录B-1)$$

$$E^{*}\left(p^{*},u^{*},k^{*}+k\right)=-T+\left(r-\rho\right)^{'}k \qquad (附录B-2)$$

$$E_p\left(p,u,k^0+k\right)+E_p^*\left(p^*,u^*,k^*-k\right)=0 \qquad \text{（附录B-3）}$$

$$g_k\left(p,k^0+k\right)=g_k^*\left(p^*,k^*-k\right)+\rho \qquad \text{（附录B-4）}$$

$$E\left(p,u,k^0+k\right)=e(p,u)-g\left(p,k^0+k\right) \qquad \text{（附录B-5）}$$

$$b=p-p^* \quad \rho=r-r^* \qquad \text{（附录B-6）}$$

对式（附录B-1）进行全微分，得到

$$E_p\mathrm{d}p+E_u\mathrm{d}u+E_k\mathrm{d}k=\mathrm{d}T-(r-\rho)'\mathrm{d}k-k'\left(\mathrm{d}r-\mathrm{d}\rho\right) \qquad \text{（附录B-7）}$$

根据式（附录B-5），有

$$E_p\mathrm{d}p+E_u\mathrm{d}u+E_k\mathrm{d}k=e_p\mathrm{d}p+e_u\mathrm{d}u-g_p\mathrm{d}p-g_k\mathrm{d}k \qquad \text{（附录B-8）}$$

对比相同微分变量项的系数，有

$$E_u=e_u \quad E_k=-g_k \qquad \text{（附录B-9）}$$

利用归一化条件

$$e_u=1 \qquad \text{（附录B-10）}$$

得到

$$\mathrm{d}u=\mathrm{d}T+k'\mathrm{d}\rho-k'g_{kp}\mathrm{d}p+k'S_k\mathrm{d}k \qquad \text{（附录B-11）}$$

同理，对（附录B-2）进行全微分，得到

$$\mathrm{d}u^*=-\mathrm{d}u+\left(r-r^*\right)\mathrm{d}k \qquad \text{（附录B-12）}$$

对（附录B-3）进行全微分得到

$$\left(E_{pp}+E_{pp}^*\right)\mathrm{d}p+E_{pu}\mathrm{d}u+E_{pu}^*\cdot\mathrm{d}u^*+\left(E_{pk}-E_{pk}^*\right)\mathrm{d}k-E_{pp}^*\mathrm{d}b=0 \qquad \text{（附录B-13）}$$

引入符号

$$x_I = e_{pu}/e_u = E_{pu} \quad x_I^* = e_{pu}^*/e_u = E_{pu}^*$$
$$S = -E_{pp} \quad S^* = -E_{pp}^*$$
$$\tilde{S} = S + S^*$$
$$\tilde{S}_k = -\left(g_{kk} + g_{kk}^*\right)$$
$$\phi = g_{pk}^* - g_{pk} = E_{pk} - E_{pk}^*$$

（附录B-14）

得到

$$-\tilde{S}\mathrm{d}p + \phi\mathrm{d}k + x_I\mathrm{d}u + x_I^*\mathrm{d}u^* = -S^*\mathrm{d}b \qquad \text{（附录B-15）}$$

对式（附录B-4）进行全微分，得到

$$g_{kp}\mathrm{d}p + g_{kk}\mathrm{d}k = g_{kp}^*\mathrm{d}p^* - g_{kk}^*\mathrm{d}k + \mathrm{d}\rho = g_{kp}^*\mathrm{d}p^* - g_{kk}^*\mathrm{d}k + \mathrm{d}\rho \quad \text{（附录B-16）}$$

从而得到KK线

$$\phi\mathrm{d}p + \tilde{S}_k\mathrm{d}k = -\mathrm{d}\rho + g_{kp}^*\mathrm{d}b \qquad \text{（附录B-17）}$$

将式（附录B-12）代入到式（附录B-15），得到

$$-\tilde{S}\mathrm{d}p + \phi\mathrm{d}k + x_I\mathrm{d}u - x_I^*\left[\mathrm{d}u - \left(r - r^*\right)\mathrm{d}k\right] = -S^*\mathrm{d}b \qquad \text{（附录B-18）}$$

令$\beta = x_I - x_I^*$，得到

$$-\tilde{S}\mathrm{d}p + \phi\mathrm{d}k + \beta\mathrm{d}u + x_I^*\left(r - r^*\right)\mathrm{d}k = -S^*\mathrm{d}b \qquad \text{（附录B-19）}$$

再将式（附录B-11）代入，得到

$$-\tilde{S}\mathrm{d}p + \phi\mathrm{d}k + \beta\left[\mathrm{d}T + k'\mathrm{d}\rho - k'g_{kp}\mathrm{d}p + k'S_k\mathrm{d}k\right] + x_I^*\left(r - r^*\right)\mathrm{d}k = -S^*\mathrm{d}b \quad \text{（附录B-20）}$$

合并相同微分项得到

$$-\left(\tilde{S} + \beta k'g_{kp}\right)\mathrm{d}p + \left[\phi + \beta k'S_k + x_I^*\left(r - r^*\right)\right]\mathrm{d}k + S^*\mathrm{d}b + \beta\mathrm{d}T + \beta k'\mathrm{d}\rho = 0 \quad \text{（附录B-21）}$$

得到

$$\delta\mathrm{d}p - \left[\varPhi + x_I^*\left(r - r^*\right)\right]\mathrm{d}k = \delta_1\mathrm{d}b + \beta\mathrm{d}T + \beta k'\mathrm{d}\rho \qquad \text{（附录B-22）}$$

即为 MM 线。

上述公式中涉及的符号含义见附表B-1。

附表B-1　公式中的符号及含义

符号	表达式	含义
$\tilde{S}$	$S + S^* = -(E_{pp} + E_{pp}^*)$	市场上污染品的替代效应
$\tilde{S}_k$	$S_k + S_k^* = -(g_{kk} + g_{kk}^*)$	资本市场上的替代效应
ϕ	$g_{pk}^* - g_{pk}$	资本从地区2转移到地区1时引起的超额需求的边际效应
β	$x_I - x_I^*$	价格波动所导致的超额需求效应
δ	$\tilde{S} + \beta k' g_{kp}$	短期的马歇尔-勒纳条件
δ_1	$\delta - \delta_2 = S^*$	价格为 p 时冰山成本 b 的超额需求效应
δ_2	$\delta - \delta_1 = S + \beta k' g_{kp}$	价格为 p^* 时冰山成本 b 的超额需求效应
Φ	$\phi + \beta k' S_k$	资本从地区2转移到地区1时引起的超额需求效应